AF564837

स्वच्छ भारत सशक्त भारत

महेश शर्मा

ग्रंथ अकादमी, नई दिल्ली

प्रकाशक : ग्रंथ अकादमी,
भवन संख्या–19, पहली मंजिल, 2, अंसारी रोड, दरियागंज, नई दिल्ली–110002
सर्वाधिकार : सुरक्षित / संस्करण : 2025 / मूल्य : चार सौ रुपए
मुद्रक : नरुला प्रिंटर्स, दिल्ली ISBN 978-93-83110-34-6

SWACHCHHA BHARAT : SASHAKTA BHARAT
by Mahesh Sharma ₹ 400.00
Published by Granth Akademi, Building No. 19, First Floor
2, Ansari Road, Daryaganj, New Delhi-110002

अपनी बात

स्वच्छता जीवन में उतनी ही महत्त्वपूर्ण है, जितनी जीवित रहने के लिए भोजन, लेकिन हम स्वच्छता के प्रति कितने गंभीर हैं, ये किसी से छिपा नहीं है। इसका एक कारण सख्त कानून का अभाव है। गांधीजी ने स्वच्छता के प्रति हमारे देशवासियों की उदासीनता को आरंभ में ही भाँप लिया था और यही कारण था कि वे अपने हर विचार में लोगों को स्वच्छता के लिए प्रेरित करते रहते थे। उन्होंने तो यहाँ तक कह दिया था, ''स्वच्छता स्वतंत्रता से ज्यादा महत्त्वपूर्ण है।''

अपने बनारस प्रवास में वे बाबा विश्वनाथ मंदिर में जगह-जगह व्याप्त भारी गंदगी देखकर आत्मग्लानि से भर उठे थे और इसके लिए बनारस की एक भरी सभा में पं. मदनमोहन मालवीय के सामने लोगों को खरी-खरी सुनाई थी। हरिद्वार और देश के अन्य मंदिरों के हालात भी कमोबेश वैसे ही थे। रेलगाड़ी के डिब्बे में एक सज्जन के बार-बार थूक देने पर वे उसे बारंबार साफ करते रहे और कर्तव्यपालन का संदेश दिया। वे अपने आचरण से लोगों को सतत स्वच्छता का संदेश देते रहे। कलकत्ता कांग्रेस अधिवेशन में अपना शौचालय उन्होंने स्वयं साफ किया। सफाईकर्मियों के कंधे-से-कंधा मिलाकर काम किया, ताकि उन्हें समाज में उचित स्थान मिल सके।

गांधीजी का कहना था कि जब तक हम बाहरी स्वच्छता नहीं अपनाते, भीतरी स्वच्छता की कल्पना तक नहीं की जा सकती और बाहरी स्वच्छता आचरण में आते ही भीतरी स्वच्छता स्वत: आ जाती है।

वर्तमान परिवेश में इन दोनों प्रकार की स्वच्छता की बड़ी आवश्यकता है

और गांधीजी एक बार फिर मार्गदर्शक के रूप में हमारे सामने हैं। जरूरत है तो बस सच्चे मन से उनके विचारों के अनुसरण की।

प्रस्तुत पुस्तक में गांधीजी के स्वच्छता से संबद्ध विचारों के संकलन हेतु अनेक ज्ञात-अज्ञात स्रोतों से बहुमूल्य सामग्री ली गई है, हम उनके हृदय से आभारी हैं। हमारा प्रयास है कि पाठक वर्ग व सामान्य जन गांधीजी के इन विचारों व हाल ही में आरंभ किए गए स्वच्छता अभियान में संवेदनापूर्वक अपना आत्मीय सहयोग दें और इसे अपनी आदत के रूप में आत्मसात् करके गांधीजी के स्वप्न को साकार करें।

इसी उम्मीद और भरोसे के साथ!

—महेश शर्मा

अनुक्रम

1

स्वच्छता—सेवा का एक पवित्र कार्य

''हमारे यहाँ एक को गंदगी लगाते देख दूसरे को भी गंदगी लगाने की प्रेरणा मिलती है। हमारी यह धारणा भी है कि हमारा काम गंदा करना है और साफ करना नगरपालिका का। हम भूल जाते हैं कि जहाँ हर आदमी गंदा करने को कटिबद्ध हो वहाँ एक नगरपालिका कितनी सफाई रख सकती है।''

गांधीजी ने अपने बचपन में ही भारतीयों में स्वच्छता के प्रति उदासीनता की कमी को महसूस कर लिया था। उन्होंने किसी भी सभ्य और विकसित मानव समाज के लिए स्वच्छता के उच्च मानदंड की आवश्यकता को समझा। उनमें यह समझ पश्चिमी समाज में उनके पारंपरिक मेलजोल और अनुभव से विकसित हुई। अपने दक्षिण अफ्रीका के दिनों से लेकर भारत तक वे अपने पूरे जीवनकाल में निरंतर बिना थके, स्वच्छता के प्रति लोगों को जागरूक करते रहे। गांधीजी के लिए स्वच्छता एक बहुत ही महत्त्वपूर्ण सामाजिक मुद्दा था। सन् 1895 में जब ब्रिटिश सरकार ने दक्षिण अफ्रीका में भारतीयों और एशियाई व्यापारियों से उनके स्थानों को गंदा रखने के आधार पर भेदभाव किया था, तब से लेकर अपनी हत्या के एक दिन पहले 29 जनवरी, 1948 तक गांधीजी लगातार सफाई रखने पर जोर देते रहे।

लोक सेवक संघ के संविधान मसौदे में उन्होंने कार्यकर्ताओं के संबंध में

जो लिखा था, वह इस प्रकार है, ''कार्यकर्ता को गाँव की स्वच्छता और सफाई के बारे में जागरूक करना चाहिए और गाँव में फैलनेवाली बीमारियों को रोकने के लिए सभी जरूरी कदम उठाने चाहिए।''

सार्वज़निक मंच पर स्वच्छता

यह दिलचस्प है कि पहली बार गांधीजी ने स्वच्छता के मसले को दक्षिण अफ्रीका में भारतीय व्यापारियों को अपने-अपने व्यापार के स्थानों को साफ रखने के संबंध में उठाया था। भारतीय और एशियाई समुदाय की ओर से एक याचिकाकर्ता के रूप में दक्षिण अफ्रीका में दी गई एक याचिका में गांधीजी ने भारतीय व्यापारियों की स्वच्छता के प्रति उनके रवैए और व्यवहार का बचाव किया और उन्होंने सभी समुदायों से सफाई रखने के लिए लगातार अपील भी की थी। लॉर्ड रिपन के स्वच्छता के मामले में एक मुद्दे को एक याचिका में उन्होंने इस प्रकार उठाया था—सन् 1881 के सम्मेलन का 14वाँ खंड, जो मूल निवासियों के साथ-साथ सभी व्यक्तियों के हितों की समान रक्षा करता है, उसमें कहा गया था कि ट्रांसवाल में भारतीय स्वच्छता का पालन नहीं करते हैं और यह मत कुछ लोगों द्वारा गलत धारणा के आधार पर बनाया था।

गांधीजी यह स्थापित करना चाहते थे कि भारतीयों को व्यापार का लाइसेंस इसलिए नहीं दिया जा रहा था, क्योंकि वे अंग्रेज व्यापारियों को कड़ी टक्कर दे रहे थे। दूसरे, उन्होंने यह तर्क भी दिया कि भारतीय व्यापारी और अन्य लोग सफाई रखने के आदी होते हैं। उन्होंने म्यूनिसिपल डॉक्टर वियेले का उदाहरण दिया, जिन्होंने भारतीयों को सफाई के प्रति सचेत और जागरूक बताया था। डॉक्टर वियेले ने भारतीयों को धूल और लापरवाही से होनेवाली बीमारियों से मुक्त बताया था।

भारतीय व्यापारियों को व्यापार का लाइसेंस देने से इनकार क्यों किया जा रहा था, उस संबंध में भी याचिका में दिए गए तर्क में बताया था कि यह व्यापारिक जलन की वजह से किया गया है। भारतीय स्वभाव से मितव्ययी और शांत होते हैं। भारतीय व्यापारी जीवन के लिए आवश्यक वस्तुओं की कीमत कम रखते थे और उन्हें सस्ते दाम में बेचते थे, जिससे श्वेत व्यापारियों

के साथ वे भी प्रतिस्पर्धा में आ गए थे।

भारत में स्वच्छता परिदृश्य

भारत में स्वच्छता परिदृश्य अभी भी निराशाजनक है। हमने गांधीजी को एक बार फिर विफल कर दिया है। गांधीजी ने समाजशास्त्र को समझा और स्वच्छता के महत्त्व को समझा। पारंपरिक तौर पर सदियों से सफाई के काम में लगे लोगों को गरिमा प्रदान करने की कोशिश की। आजादी के बाद से हमने उनके अभियान को योजनाओं में बदल दिया। योजना को लक्ष्यों, ढाँचों और संख्याओं तक सीमित कर दिया गया। हमने मौलिक ढाँचे और प्रणाली से तंत्र पर तो ध्यान दिया और उसे मजबूत भी किया, लेकिन हम तत्त्व को भूल गए जो व्यक्ति में मूल्य स्थापित करता है। गांधीजी भारतीय लोगों की साफ-सफाई कम रखने की आदतों से भी परिचित थे। इसलिए उन्होंने सन् 1914 तक अपने 20 वर्षों के प्रवास के दौरान साफ-सफाई रखने पर विशेष बल दिया। गांधीजी इस बात को समझते थे कि किसी भी इलाके में बहुत अधिक भीड़-भाड़ गंदगी की एक मुख्य वजह होती है। दक्षिण अफ्रीका के कुछ शहरों में—विशेष इलाकों में—भारतीय समुदाय के लोगों को पर्याप्त जगह और ढाँचागत सुविधाएँ नहीं मुहैया कराई गई थीं। गांधीजी मानते थे कि उचित स्थान, मूलभूत और ढाँचागत सुविधाएँ और स्वच्छ वातावरण उपलब्ध कराने की जिम्मेदारी नगरपालिका की है। गांधीजी ने इस संबंध में जोहांनसबर्ग के चिकित्सा अधिकारी को एक पत्र भी लिखा था। उन्होंने पत्र में लिखा था, ''मैं आपको भारतीयों के रहनेवाले इलाकों की स्तब्ध कर देनेवाली स्थिति के बारे में लिख रहा हूँ। एक कमरे में कई लोग एक साथ इस तरह ठूँसकर रहते हैं कि उनके बारे में बताना भी मुश्किल है। इन इलाकों में सफाई सेवाएँ अनियमित हैं और सफाई न रखने के संबंध में बहुत से निवासियों ने मेरे कार्यालय में शिकायत करके बताया है कि अब स्थिति पहले से भी बदतर हो गई है।''

गांधीजी ने अपनी आत्मकथा में लिखा है, ''नगरपालिका की आपराधिक लापरवाही और सफाई के प्रति भारतीय निवासियों की अज्ञानता की वजह से कई इलाकों को पूरी तरह गंदा रखने की साजिश रची गई थी।''

प्लेग में जनसेवा

एक बार दक्षिण अफ्रीका में काले प्लेग का प्रकोप फैला। सौभाग्य से उसके लिए भारतीय जिम्मेदार नहीं थे। यह जोहांनसबर्ग के आस-पास के क्षेत्र में सोने की खदानोंवाले इलाके में फैला था। गांधीजी ने अपनी पूरी शक्ति के साथ, स्वेच्छा से और स्वयं के जीवन को खतरे में डालकर रोगियों की सेवा की। नगर चिकित्सक और अधिकारियों ने गांधीजी की सेवाओं की बहुत तारीफ की। गांधीजी चाहते थे कि लोग उस घटना से सबक लें। उन्होंने एक जगह लिखा था, "इस तरह के कठोर नियमों पर निस्संदेह हमें गुस्सा आता है, परंतु हमें इन नियमों को मानना चाहिए, क्योंकि इससे हम गलती दोहराएँगे नहीं। हमें स्वच्छता और सफाई का मूल्य पता होना चाहिए। गंदगी को हमें अपने बीच से हटाना होगा। क्या स्वच्छता स्वयं इनाम नहीं है? हाल ही में जो घटना हुई है यह हमारे देशवासियों के लिए एक सबक है।"

हालाँकि स्वच्छता के बारे में दक्षिण अफ्रीका और भारत दोनों ही जगह दी गई उनकी सलाह के सौ साल बाद भी हमने एक समुदाय के रूप में प्रतिक्रिया व्यक्त नहीं की है। देश की राजधानी सहित कई भारतीय शहरों में मलेरिया, चिकनगुनिया, डेंगू और अन्य खतरनाक बीमारियाँ गंदगी की वजह से ही फैलती हैं।

गांधीजी को सफाई करते देख आँखें भर आई थीं

25 जुलाई, 1934 को बापू कानपुर में स्वच्छता एवं हरिजन सेवा के कार्यक्रम में आए थे। ग्वालटोली मलिन बस्ती में गंदगी देखकर वह इतना दुःखी हो गए कि एक महिला से झाड़ू लेकर स्वयं सफाई में जुट गए। लोग स्तब्ध थे। कई लोगों की आँखों में आँसू आ गए। इस तीन दिवसीय प्रवास के दौरान वे कई मलिन बस्तियों में गए और लोगों को सफाई के प्रति जागरूक किया।

गांधीजी अपनी यात्रा के अंतिम पड़ाव में कानपुर पहुँचे तो ग्वालटोली, मीरपुर, खटिकाना, सेटेलमेंट, फोर्ब्स कंपाउंड, लक्ष्मीपुरवा, हड्डी गोदाम सहित 30 मलिन बस्तियों में भी गए। उन्होंने गंदगी साफ करने के लिए युवाओं का आह्वान किया।

शहर प्रवास के दौरान 22 जुलाई, 1934 को परेड की जनसभा में उन्होंने गंदगी साफ करने में सवर्णों की हिचक का संदर्भ देते हुए कहा कि आंदोलन का हमारा लक्ष्य सिर्फ चंदे से पूरा नहीं होता। यह तो दिलों, खासकर सवर्णों के दिलों के पिघलने से प्राप्त होगा।

एक दिन बाद 24 जुलाई को क्वींस पार्क (अब सी.एस.ए.) में एस.डी. कॉलेज के छात्रों व हरिजनों की संयुक्त सभा में उन्होंने कहा कि स्वच्छता सेवा का एक पवित्र कार्य है। गंदगी साफ करनेवाले से उतनी ही घृणा करें, जितनी आप एक नर्स, डॉक्टर या माँ से करते हैं।

अगले दिन 25 जुलाई को ग्वालटोली में युवाओं से मुखातिब बापू ने कहा था कि यहाँ की गंदगी दुःखी करनेवाली है। उनको स्वच्छता के लिए आगे आना चाहिए।

□

2

भारत में स्वच्छता–गांधीजी के प्रयास

''गरीबी और गंदगी। किसी आधार पर भारत की भावनात्मक एकता संभव हो या न हो, इन दोनों आधारों पर वह संभव हो जाती है। कन्याकुमारी से कश्मीर तक और असम से गुजरात तक आप एक जैसी गरीबी और गंदगी देखेंगे।''

गांधीजी ने स्कूली और उच्च शिक्षा के पाठ्यक्रमों में स्वच्छता को तुरंत शामिल करने की आवश्यकता पर जोर दिया था। 20 मार्च, 1916 को गुरुकुल काँगड़ी में दिए गए भाषण में उन्होंने कहा था, ''गुरुकुल के बच्चों के लिए स्वच्छता और सफाई के नियमों के ज्ञान के साथ ही उनका पालन करना भी प्रशिक्षण का एक अभिन्न हिस्सा होना चाहिए। इन अदम्य स्वच्छता निरीक्षकों ने हमें लगातार चेतावनी दी कि स्वच्छता के संबंध में सबकुछ ठीक नहीं है। मुझे लग रहा है कि स्वच्छता पर आगंतुकों के लिए वार्षिक व्यावहारिक सबक देने के सुनहरे मौके को हमने खो दिया।''

गांधीजी नील की खेती करनेवाले किसानों की समस्याओं को सुलझाने चंपारण गए। एक पत्र में उन्होंने स्वच्छता की महत्ता को बताया। गांधीजी चाहते थे कि अंग्रेज प्रशासन उनके कार्यकर्ताओं को स्वीकारें, ताकि वे समाज में शिक्षा और सफाई के कार्यों को भी शुरू कर सकें। इस बारे में उन्होंने कहा, ''क्योंकि वे गाँवों में ही रहते हैं, इसलिए वे गाँव के लड़के और लड़कियों को

सिखा सकते हैं और वे स्वच्छता के बारे में उन्हें जानकारी भी दे सकते हैं।''

सन् 1920 में गांधीजी ने गुजरात विद्यापीठ की स्थापना की। यह विद्यापीठ आश्रम की जीवन-पद्धति पर आधारित थी, इसलिए वहाँ शिक्षकों, छात्रों, स्वयंसेवकों और कार्यकर्ताओं को प्रारंभ से ही स्वच्छता के कार्य में लगाया जाता था। वहाँ के रिहायशी भवनों, गलियों, कार्यालयों, कार्यस्थलों और परिसरों की सफाई दिनचर्या का हिस्सा थी। गांधीजी यहाँ आनेवाले हर नए व्यक्ति को इस संबंध में विशेष पढ़ाते थे। यह प्रथा आज भी कायम है।

लोग गांधीजी के साथ रहने की इच्छा जाहिर करते तो इस बारे में उनकी पहली शर्त होती थी कि आश्रम में रहनेवालों को आश्रम की सफाई का काम करना होगा, जिसमें शौच का वैज्ञानिक निस्तारण करना भी शामिल है। गांधीजी ने रेलवे के तीसरे श्रेणी के डिब्बे में बैठकर देश भर में व्यापक दौरे किए थे। वे रेल के तीसरे श्रेणी के डिब्बे की गंदगी से स्तब्ध और भयभीत थे। उन्होंने समाचार-पत्रों को लिखे पत्र के माध्यम से इस ओर सबका ध्यान आकृष्ट किया था। 25 सितंबर, 1917 को लिखे अपने पत्र में उन्होंने लिखा, ''इस तरह की संकट की स्थिति में तो यात्री परिवहन को बंद कर देना चाहिए, लेकिन जिस तरह की गंदगी और स्थिति इन डिब्बों में है उसे जारी नहीं रहने दिया जा सकता, क्योंकि वह हमारे स्वास्थ्य और नैतिकता को प्रभावित करती है। निश्चित तौर पर तीसरी श्रेणी के यात्री को जीवन की बुनियादी जरूरतें हासिल करने का अधिकार तो है ही। तीसरे दरजे के यात्री की उपेक्षा कर हम लाखों लोगों को व्यवस्था, स्वच्छता, शालीन जीवन की शिक्षा देने, सादगी और स्वच्छता की आदतें विकसित करने का बेहतरीन मौका गँवा रहे हैं।''

धार्मिक स्थलों की गंदगी

गांधीजी ने धार्मिक स्थलों में फैली गंदगी की ओर भी ध्यान दिलाया था। 3 नवंबर, 1917 को गुजरात राजनीतिक सम्मेलन में उन्होंने कहा था, ''पवित्र तीर्थस्थान डाकोर यहाँ से बहुत दूर नहीं है। मैं वहाँ गया था। वहाँ की पवित्रता की कोई सीमा नहीं है। मैं स्वयं को वैष्णव भक्त मानता हूँ, इसलिए मैं डाकोरजी की स्थिति की विशेष रूप से आलोचना कर सकता हूँ। उस स्थान पर

गंदगी की ऐसी स्थिति है कि स्वच्छ वातावरण में रहनेवाला कोई व्यक्ति वहाँ 24 घंटे भी नहीं ठहर सकता। तीर्थयात्रियों ने वहाँ के टैंकरों और गलियों को प्रदूषित कर दिया है।''

इसी तरह 'यंग इंडिया' में 3 फरवरी, 1927 को उन्होंने बिहार के पवित्र शहर गया की गंदगी के बारे में भी लिखा और यह इंगित किया कि उनकी हिंदू आत्मा गया के गंदे नालों में फैली गंदगी और बदबू के खिलाफ बगावत करती है।

भारतीय रेलवे में आज भी गंदगी का वही आलम है। रेलवे के डिब्बों को और शौचालय साफ रखने के लिए श्रमिकों और कर्मचारियों को तो रखा जाता है, पर जहाँ तक स्वच्छता और सफाई से संबंधित प्रश्न है, हम भारतीय यात्रियों को इस बारे में कोई शर्म महसूस नहीं होती। शौचालयों का सही तरीके से इस्तेमाल नहीं किया जाता। यहाँ तक कि वातानुकूलित डिब्बों में यात्रा करनेवाले पढ़े-लिखे लोग भी अपने बच्चों को शौचालय सीट का इस्तेमाल नहीं करवाकर उन्हें बाहर ही शौच कराते हैं। डिब्बों में कूड़ा फैलना तो आम बात है।

अस्वच्छता बुराई समान

29 दिसंबर, 1999 को अमृतसर कांग्रेस में एक भाषण में उन्होंने सी.एफ. एंड्रयूज का हवाला दिया। उनके अनुसार, ''यूरोपीय मानते हैं कि बाहर से देखने पर भारतीय बहुत आकर्षक नहीं लगते, क्योंकि वे सफाई और स्वच्छता के प्रति बहुत अधिक ध्यान नहीं देते और उसे गैर-जरूरी समझते हैं।''

कांग्रेस के करीब-करीब हर सम्मेलन में दिए अपने भाषण में गांधीजी ने स्वच्छता के मामले को उठाया। अप्रैल 1924 में उन्होंने दाहोद शहर के कांग्रेस सदस्यों को अच्छी साफ-सफाई रखने के लिए बधाई दी और उन्हें सुझाव दिया कि वे अछूत समझे जानेवाले समुदाय के इलाकों में जाएँ और उनमें स्वच्छता के प्रति जागरूकता जगाएँ। इसी तरह सन् 1925 में कानपुर कांग्रेस में सफाई रखने के इंतजामों की भी बहुत प्रशंसा की थी।

गांधीजी मानते थे कि नगरपालिका का सबसे महत्त्वपूर्ण कार्य सफाई

रखना है। उन्होंने कांग्रेस के कार्यकर्ताओं को पार्षद बनने के बाद स्वच्छता के काम करने का सुझाव दिया। गांधीजी के लिए अस्वच्छता बुराई थी। 25 अगस्त, 1925 को कलकत्ता (कोलकाता) में दिए गए भाषण में उन्होंने कहा, ''वह (कार्यकर्ता) गाँव के धर्मगुरु या नेता के रूप में लोगों के सामने न आएँ, बल्कि अपने हाथ में झाड़ू लेकर आएँ। गंदगी, गरीबी, निठल्लापन जैसी बुराइयों का सामना करना होगा और झाड़ू, कुनैन की गोली और अरंडी के तेल के साथ लड़ना होगा।''

पंचायतों की भूमिका के बारे में गांधीजी ने कहा था कि गाँव में रहनेवाले प्रत्येक बच्चे, पुरुष या स्त्री की प्राथमिक शिक्षा के लिए, घर-घर में चरखा पहुँचाने के लिए, संगठित रूप से सफाई और स्वच्छता के लिए पंचायत जिम्मेदार होनी चाहिए। 19 नवंबर, 1925 के 'यंग इंडिया' के एक अंक में गांधीजी ने भारत में स्वच्छता के बारे में अपने विचारों को लिखा। उन्होंने लिखा, ''देश के अपने भ्रमण के दौरान मुझे सबसे ज्यादा तकलीफ गंदगी को देखकर हुई। इस संबंध में अपने आप से समझौता करना मेरी मजबूरी है।''

स्वच्छता की शिक्षा

गांधीजी ने कहा था, ''हमें पश्चिम में नगरपालिकाओं द्वारा की जानेवाली सफाई व्यवस्था से सीख लेनी चाहिए। पश्चिमी देशों ने कॉरपोरेट स्वच्छता और सफाई विज्ञान किस तरह विकसित किया है, उससे हमें काफी कुछ सीखना चाहिए। पीने के पानी के स्रोतों की उपेक्षा जैसे अपराध को रोकना होगा।''

यह दुःखद है कि हमने हार मान ली है। हमारे शिक्षा संस्थानों में सफाई कर्मचारी हैं। अधिकार के प्रति सचेत कार्यकर्ता मानते हैं कि बचपन से ही स्वच्छता की आदतें सीखना बालश्रम है। अभी देर नहीं हुई है। नई तालीम को नए सिरे से शुरू करना होगा। ऐसी शिक्षा जिसे करके सीखा जाए, वही उपयोगी होती है।

सफाई ईश्वर का रूप

गांधीजी सफाई-पसंद व्यक्ति थे। उनका मानना था कि सफाई ईश्वर का

रूप है। वे घर में तो सफाई रखते ही थे, सार्वजनिक सफाई का भी उन्हें काफी खयाल रहता था। वे तो अंदर और बाहर दोनों निर्मल रखते थे, रखना चाहते थे।

बात उन दिनों की है जब गांधीजी यरवदा जेल में थे। जेल के अधिकारियों से उन्होंने अपने लिए एक खास काम माँग रखा था। वे कपड़े सीते थे। कर्मयोगी तो वे थे ही, लगन और निष्ठा से अपना यह काम किया करते थे।

एक दिन जेल का एक प्रमुख अधिकारी उनसे मिलने आया। गांधीजी जहाँ बैठकर सूत कातते थे, वहाँ तक वह अधिकारी जूते पहनकर चला आया। उसने गांधीजी से हाल-चाल पूछा। गांधीजी ने प्रसन्नता से उत्तर दिया। कुछ देर रुककर वह अधिकारी चला गया।

उस अधिकारी के जाते ही गांधीजी उठकर कमरे से बाहर गए और एक बालटी पानी भरकर ले आए। जेल का वह अधिकारी जहाँ तक जूते पहने हुए गया था, वहाँ तक उन्होंने फर्श को धोया, लिपाई की, साफ कर दिया। एक सहयोगी की नजर इस पर पड़ी तो उसने पूछा, ''बापू! यह आप क्या कर रहे हैं?''

गांधीजी ने कहा, ''यह मेरे उठने-बैठने का स्थान है। क्या उसे साफ न रखूँ?''

उस सहयोगी ने पूछा, ''किसने गंदा कर दिया?''

गांधीजी ने कहा, ''जेल के अधिकारी आए थे। बात करते-करते वे यहाँ तक आए। उन्होंने जूते पहन रखे थे। इसलिए इसे साफ कर रहा हूँ।''

सहयोगी ने सुझाव दिया, ''आपको उन्हें मना कर देना चाहिए था। आपने उनसे कहा क्यों नहीं? आप दरवाजे के पास एक तख्ती लगा दीजिए कि जूते बाहर उतारकर आएँ।''

गांधीजी ने कहा, ''नहीं, यह तो हरेक के समझने की बात है। जाने दो। बहुत दिनों बाद आज लिपाई की। ऐसा अवसर मुझे कौन देगा? जेल के अधिकारी के प्रति मुझे आभार मानना चाहिए कि उन्होंने मुझे ऐसे सत्कार्य का अवसर दिया, मेरे हाथ से सफाई की सेवा हुई।''

□

3

स्वच्छता और सफाई कर्मचारी

''परिवार एक छोटा समाज एवं छोटा राष्ट्र है। उसकी स्वच्छता उतनी ही महत्त्वपूर्ण है जितनी बड़े रूप में समूचे राष्ट्र की।''

गांधीजी को अस्पृश्यता से घृणा थी। बचपन से बालक मोहन के मन में अपनी माँ के प्रति स्नेह-सम्मान होने के बावजूद उस छोटी आयु में भी अपनी माँ की उस बात का विरोध किया, जब उनकी माँ ने सफाई करनेवाले कर्मचारी के न छूने और उससे दूर रहने के लिए कहा था। उन्हें दृढ़ विश्वास था कि स्वच्छता और सफाई प्रत्येक व्यक्ति का काम है। वे हाथ से मैला ढोने और किसी एक जाति के लोगों द्वारा ही सफाई करने की प्रथा को समाप्त करना चाहते थे।

उन्होंने भारतीय समाज में सदियों से मौजूद अस्पृश्यता की कुरीति और जातीय प्रथा का विरोध किया। सफाई करनेवाले जाति के लोगों को गाँवों से बाहर रखा जाता था और उनकी बस्तियाँ बहुत ही खराब, मलिन और गंदगी से भरी हुई थीं।

समाज में हेय समझे जाने, गरीबी और शिक्षा की कमी की वजह से वह ऐसी बुरी स्थिति में रहते थे। गांधीजी उन मलिन बस्तियों में गए और उन्होंने अस्पृश्य समझे जानेवाले लोगों को गले लगाया और अपने साथ गए अन्य नेताओं और कार्यकर्ताओं को भी वैसा करने के लिए कहा। गांधीजी चाहते थे

कि इन लोगों की स्थिति सुधरे और वे भी समाज की मुख्य धारा में शामिल हों। उन्होंने पूरे भारत में छात्रों सहित सभी से ऐसी मलिन बस्तियों के लोगों की मदद करने के लिए कहा।

गांधीजी ने भारतीय समाज में सफाई करने और मैला ढोनेवालों द्वारा किए जानेवाले अमानवीय कार्य पर तीखी टिप्पणी की। उन्होंने कहा, "हरिजनों में गरीब सफाई करनेवाला या भंगी समाज में सबसे नीचे खड़ा है, जबकि वह सबसे महत्त्वपूर्ण है। अपरिहार्य होने के नाते समाज में उसका सम्मान होना चाहिए। भंगी, जो समाज की गंदगी साफ करता है, उसका स्थान माँ की तरह होता है। जो काम एक भंगी दूसरे लोगों की गंदगी साफ करने के लिए करता है वह काम अगर अन्य लोग भी करते तो यह बुराई कब की समाप्त हो जाती।"

स्वच्छता—वर्तमान स्थिति

75 साल पहले गांधीजी द्वारा मैला ढोने की प्रथा खत्म करने की अपील के बावजूद यह आज भी कायम है। सन् 1993 में बनाए गए कानून में किसी एक को भी सजा नहीं हुई और इसीलिए सन् 2013 में हाथ से मैला ढोने की प्रथा को समाप्त करने के लिए नया कानून बनाया गया। कई राज्यों ने उस कानून को अभी लागू नहीं किया है। सहस्राब्दी विकास लक्ष्य स्थायी विकास के लक्ष्यों में बदलनेवाले हैं और भारत में अभी भी सुरक्षित स्वच्छता की स्थिति निराशाजनक है।

एक शोध के अनुसार, भारत की जनसंख्या के बहुत बड़े प्रतिशत के पास सुरक्षित स्वच्छता की पहुँच नहीं हो पाई है। शोध के अनुसार सन् 1970 में केवल 19 प्रतिशत घरों (85 प्रतिशत शहर और 57 प्रतिशत गाँव) में साफ-सफाई थी। सन् 2008 में यह 30 प्रतिशत जनसंख्या तक पहुँच सकी, जिसमें 52 प्रतिशत शहरों और 20 प्रतिशत ग्रामीण इलाकों में थे। शहरी मूलभूत सुविधाएँ गाँवों से पलायन करके शहरों में आए लोगों तक पहुँच नहीं पाती। यूनिसेफ और विश्व स्वास्थ्य संगठन के अनुसार, सन् 2012 में हमारे देश के करीब 62.6 करोड़ लोग, जो कि जनसंख्या का लगभग 50 प्रतिशत हैं, खुले में

शौच करते हैं।। स्वच्छता केवल शौचालयों तक ही सीमित नहीं है। भारत में सन् 2012 तक अपने सभी ग्रामीण क्षेत्रों में संपूर्ण स्वच्छता को पहुँचाने का संकल्प किया था, लेकिन वह अभी दूर लगता है। सन् 1981 में भारत की ग्रामीण जनसंख्या के एक प्रतिशत तक ही संपूर्ण स्वच्छता कार्यक्रम का लाभ पहुँच सका था। सन् 1991 में यह बढ़कर 11 प्रतिशत जनसंख्या तक पहुँचा। सन् 2001 में 22 प्रतिशत ग्रामीण जनसंख्या को इस कार्यक्रम में शामिल किया गया कि इस कार्यक्रम का लाभ 50 प्रतिशत जनसंख्या तक पहुँच गया। संपूर्ण स्वच्छता कार्यक्रम के तहत प्रत्येक घर और हर स्कूल में शौचालय का निर्माण और अपशिष्ट पदार्थ प्रबंधन शामिल है। इस कार्यक्रम का पूरी तरह कार्यान्वियन अभी दूर की कौड़ी लगता है।

स्वच्छता और सफाई के काम के विस्तार को स्वीकारने में सांस्कृतिक बाधाएँ भी आड़े आती हैं। इस संबंध में दो विशेष बातें हैं। पहली, धार्मिकता और धर्मपरायणता स्वच्छता और सफाई से ज्यादा महत्त्वपूर्ण है। भारत में ज्यादातर धार्मिक स्थलों, गाँवों, कस्बों और मंदिरों के आस-पास अकसर बहुत गंदगी दिखाई देती है। इन जगहों पर कूड़े के ढेर, खुले में शौच, प्रदूषण और दूषित पीने का पानी आम बात है। ग्रामीण इलाकों और छोटे शहरों में जाति से संबंधित भावनाएँ अभी भी प्रबल और प्रचलित हैं। बड़े शहरों में यह कम हैं। प्रदूषण की अवधारणा की सामाजिक स्वीकृति अभी जारी है, जिसमें स्वच्छता और सफाई की उपेक्षा होती रही है।

दूसरी फैक्टरियाँ और वायरस के रूप में अस्वच्छ जीवों का अस्तित्व बहुत बढ़ गया है। ज्यादातर लोग जिन्होंने स्कूली शिक्षा हासिल की है और बुनियादी विज्ञान में पढ़ाई की है, उन्हें भी सूक्ष्म जीवों द्वारा संदूषण और प्रदूषण की अवधारणा की समझ नहीं है। शहरी पढ़े-लिखे लोगों में पीने के पानी का रख-रखाव अभी दोषपूर्ण और खतरनाक ढंग से किया जाता है। शहरों में जब आर.ओ. और जल शुद्धिकरणवाले यंत्र (वाटर प्यूरीफायर) नहीं थे तब लोग मटकों का पानी पीते थे, तब भी वे मटके से पानी निकालने के लिए कलछुल या डोई का इस्तेमाल करते थे, जिससे पानी गंदा नहीं हो सके। हालाँकि यह अधिकतर घरों में रखा नहीं जाता था। जिन घरों में होता भी था तो केवल शो

पीस की तरह दीवार पर लटका रहता था।

जो हमारी बाह्य स्वच्छता के लिए सत्य है, वही हमारी आंतरिक स्वच्छता के लिए भी सत्य है, अगर हमारा पड़ोसी आंतरिक रूप से अस्वच्छ है तो वह हमें भी प्रभावित करेगा।

बापू का मत

हम सभी भली-भाँति जानते हैं कि यह अभियान तभी सफल हो सकेगा जब सभी भारतवासी सच्चे मन से गांधीजी के विचारों और उनकी कार्यप्रणाली को आत्मसात् करेंगे, क्योंकि हमारे देश की विडंबना है कि हम स्वयं गांधीजी की तरह सोच नहीं बना पाते। काम को छोटा-बड़ा समझकर उसको सोचने-विचारने में ही अधिकांश समय बरबाद कर देते हैं। यह मेरा काम नहीं है, उसका काम है जैसी धारणा की हमारे मन में गहरी पैठ है। जबकि बापू यह मानते थे कि अपनी सेवा किए बिना कोई दूसरों की सेवा नहीं कर सकता है। दूसरों की सेवा किए बिना जो अपनी ही सेवा करने के इरादे से कोई काम शुरू करता है, वह अपनी और संसार की हानि करता है। वे खुद कैसे दूसरों के लिए प्रेरणा बन जाते थे।

जब बापू ने पिसाई की

मगनवाड़ी आश्रम में सभी को अपने हिस्से का आटा पीसना पड़ता था। एक बार आटा समाप्त हो गया। आश्रमवासी रसोइया सोचने लगा कि अब क्या किया जाए? यदि वह चाहता तो स्वयं भी पीसकर उस दिन का काम चला सकता था, लेकिन चिढ़कर उसने ऐसा नहीं किया। वह सीधे गांधीजी के पास गया और बोला, "आज रसोईघर में रोटी बनाने के न आटा है, न कोई पीसनेवाला है। अब आप ही बताएँ, क्या करूँ?"

गांधीजी ने शांत भाव से कहा, "इसमें चिंता की कोई बात नहीं है। चलो, मैं चलकर पीस देता हूँ।"

बापू अपना काम छोड़कर गेहूँ पीसने बैठ गए। जब रसोइए ने गांधीजी को चक्की चलाते देखा तो उसे बड़ी आत्मग्लानि हुई। उसने कहा, "बापू, आप

जाइए, मैं खुद ही पीस लूँगा।'' इसका गहरा प्रभाव केवल रसोइया पर ही नहीं, बल्कि सभी व्यक्तियों पर पड़ा।

जनता जनार्दन की सेवा

गांधीजी तब सत्ताईस वर्ष के थे, उन्हें पता लगा कि बंबई (मुंबई) में ब्यूबोनिक प्लेग की महामारी फूट पड़ी थी। चारों तरफ घबराहट फैल गई। पूरे पश्चिम भारत में आतंक छा गया। जब बंबई में प्लेग फैला तो राजकोट में भी खलबली मच गई। यह आवश्यक हो गया कि राजकोट में निवारक उपाय किए जाएँ। गांधीजी ने हर बार की तरह इस बार भी सरकार को आरोग्य विभाग में अपनी सेवाएँ अर्पित करने की इच्छा पत्र द्वारा जता दी। सार्वजनिक सेवा गांधीजी की राजनीति का मुख्य अंग थी। वे जनसेवा और देवाराधना में कोई व्यवधान न देखते थे। उनकी ईश्वर-भक्ति जनता जनार्दन की सेवा थी।

उन्हें सेनिटरी विजिटर्स कमेटी का सदस्य बना दिया गया। वे सार्वजनिक सेवा कार्य में जुट गए। सफाई की सुचारु व्यवस्था में उन्होंने कोई कसर नहीं छोड़ी। राजकोट नगर की आरोग्य रक्षा के लिए उन्होंने घर-घर और घर-बाहर की सफाई का कार्यक्रम अपनाया। यह उन्हें काफी रुचिकर काम लगा। गांधीजी ने शौचालय की सफाई पर जोर दिया। उन्होंने कहा कि यही वह जगह है जो बीमारी के फैलने का घर है।

शौचालयों का निरीक्षण

कमेटी ने निश्चय किया कि गली-गली जाकर शौचालयों का निरीक्षण किया जाए। पहली बार उन्हें भारतीय घरों में शौचालयों और सफाई व्यवस्था को देखने का मौका मिला था। अपने दौरों में उन्हें पता चला कि समृद्ध लोगों के घर, अत्यंत गरीब लोगों और विशेषकर अछूतों के घरों की तुलना में, कम साफ थे। उन दिनों अछूत माने जानेवाले लोगों को पहली बार देखा। गरीब लोगों ने अपने शौचालय का निरीक्षण कराने में बिलकुल आनाकानी नहीं की। कुछ धनाढ्य लोगों के शौचालयों और मूत्रालयों के बारे में उन्होंने लिखा कि उच्चतम वर्ण के हिंदू ऐसी स्थायी सड़ाँध में रह, खा और सो सकते होंगे, ऐसा

सोचा न था। कई लोगों ने तो घरों का मुआयना करने की अनुमति तक न दी। उनके शौचालय अधिक गंदे थे, उनमें अँधेरा था, कीड़े बिलबिलाते थे। जीते जी रोज नरक में प्रवेश करने जैसी स्थिति थी।

भारतीय समाज के अपने सुधार कार्य में उन्हें भविष्य में भी कई बड़े लोगों के कम सहयोग और अधिक प्रतिरोध का अनुभव होना था। बाद के दिनों में जब उन्होंने सुधार कार्यक्रमों को हाथ में लिया तो अपने सहकर्मियों से मल-मूत्र की टंकियों को साफ करने को कहते। उनका मानना था कि यह जातिप्रथा की जकड़न से हमें आजाद करेगा। उनका यह भी मानना था कि कोई काम खराब नहीं होता।

मलिन बस्ती

कमेटी भंगियों की बस्ती में भी गई। गांधीजी के साथ सिर्फ एक सदस्य गया, अन्य कोई गण्यमान्य व्यक्ति नहीं गया। अन्य सदस्यों को लगा कि वहाँ जाना निरर्थक है। पर गांधीजी को भंगियों की बस्ती देखकर सानंद आश्चर्य हुआ। भंगी लोगों को भी गांधीजी को वहाँ देखकर अचंभा हुआ। जब गांधीजी ने शौचालय देखने की इच्छा जहिर की तो उनमें से एक ने कहा, ''हमारे यहाँ शौचालय कैसे? हमारे शौचालय तो जंगल में हैं। शौचालय तो आप बड़े आदमियों के यहाँ होते हैं।''

गांधीजी ने पूछा, ''तो क्या आप अपने घर हमें देखने देंगे?''

''आइए न भाई साहब! जहाँ भी आपकी इच्छा हो, जाइए। ये ही हमारे घर हैं।''

जब वे अंदर गए और घर तथा आँगन की सफाई देखी तो खुश हो गए। घर के अंदर सब लिपा-पुता देखा। आँगन झाड़ा-बुहारा था। बरतन चमचमा रहे थे। गांधीजी को उस बस्ती में बीमारी फैलने का डर नहीं दिखाई दिया।

वैष्णव मंदिर में दुःखी

वे उस वैष्णव मंदिर भी गए, जहाँ उनकी माँ पुतलीबाई देव-दर्शन के लिए नित्य-नियम से जाती थीं। वहाँ गए बिना माँ अन्न ग्रहण नहीं करती थीं।

मंदिर के पुजारी ने उनका स्वागत किया। मंदिर के अहाते का कोना-कोना उन्होंने देखा। उन्हें देखकर दु:ख हुआ कि एक कोने में जूठी पत्तलों के ढेर थे। वह भाग कौओं और चीलों का अड्डा बन गया था। देवभूमि के आँचल में ही कूड़ाघर बन गया था। इस तरह के पवित्र स्थल पर तो आरोग्य के नियमों का अधिक-से-अधिक पालन होने की आशा रखी जाती है। गांधीजी को यह देखकर दु:ख हुआ कि जिस देश की सदियों से प्रथा रही हो अपना अंदर-बाहर स्वच्छ रखने की, वहाँ के लोग इस विषय में इतने असावधान और उदासीन थे।

गांधीजी की गांधीगीरी

जब गांधीजी दक्षिण अफ्रीका से भारत पहुँचे, उसी समय देश की राजधानी कलकत्ता में उस साल (दिसंबर 1901) दिनशॉ एदलजी वाच्छा की अध्यक्षता में भारतीय राष्ट्रीय कांग्रेस महासभा का 17वाँ वार्षिक अधिवेशन हो रहा था। गांधीजी को लगा कि चूँकि कलकत्ता में सारे दिग्गजों का जमावड़ा होगा इसलिए शायद वहाँ भारत की नब्ज पकड़ में आ जाएँ। इसी सोच के साथ गांधीजी ने उस अधिवेशन में जाना तय किया। वहाँ आए प्रतिनिधि भी कुछ कम नहीं थे। उन्हें भी तो इतने ही दिन मिलते थे कुछ सीखने को। कांग्रेस के कामकाज के ढंग ने गांधीजी को प्रभावित नहीं किया। उन्हें प्रतिनिधियों के बीच एकता की कमी का एहसास हुआ। वे अंग्रेजी में वार्त्तालाप कर रहे थे। उनके हावभाव एवं बातचीत में पाश्चात्य शैली टपक रही थी। वे अपने हाथ से कोई काम नहीं करते। सब बातों में उनके हुक्म निकलते, "स्वयंसेवक यह लाओ, स्वयंसेवक वह लाओ।"

ऊपर से डेलिगेट की छुआछूत और खानपान की लंबी-चौड़ी व्यवस्था, दकियानूसी रंग-ढंग देखकर गांधीजी को बड़ा आश्चर्य हुआ, साथ ही दु:ख भी। छुआछूत माननेवाले वहाँ बहुत से लोग उपस्थित थे। द्राविड़ी रसोई बिलकुल अलग थी। उन प्रतिनिधियों को तो दृष्टिदोष भी लगता था। उनके लिए कॉलेज के अहाते में चटाइयों का रसोईघर बनाया गया था। उसमें धुआँ इतना रहता था कि आदमी का दम घुट जाए। खाना-पीना सब उसी के अंदर। वह रसोईघर क्या था, एक तिजोरी थी, सब ओर से बंद।

यह सब गांधीजी को चिंता में डाल रहा था। कांग्रेस में आनेवाले प्रतिनिधि जब इतनी छुआछूत मानते थे, तो उन्हें भेजनेवाले लोग कितनी रखते होंगे? ऊपर से गंदगी की हद नहीं थी। कैंप की अनिवार्य जरूरतों, जैसे साफ-सफाई आदि की तरफ किसी का जरा भी ध्यान नहीं था। शौचालय जाम था और चारों तरफ मल और पानी-ही-पानी फैल रहा था। शौचालयों की संख्या जरूरत से कम थी। दुर्गंध चारों तरफ फैल रही थी। एक स्वयंसेवक को गांधीजी ने गंदगी दिखाई। उसने कहा यह तो भंगी का काम है। गांधीजी उन्हें सबक सिखाना चाहते थे। उनसे गंदगी और बदबू सहन नहीं हुई। बहुत परिश्रम से उन्होंने एक झाड़ू खोज निकाला। चुपचाप उन्होंने शौचालय एवं मूत्रालय की सफाई शुरू कर दी। पर यह साफ-सफाई तो उनकी अपनी सुविधा के लिए हुई थी। भीड़ इतनी अधिक थी और शौचालय इतने कम कि हर बार के उपयोग के बाद उनकी सफाई होनी जरूरी थी। वह काम गांधीजी अकेले तो कर नहीं पाते। यदि उनका वश चलता तो शौचालयों की सफाई वे स्वयं ही करते, लेकिन उन्हें उसी शौचालय की सफाई पर ही संतोष करना पड़ा, जिसे वे स्वयं इस्तेमाल कर रहे थे। गांधीजी ने अपने लिए तो वह काम कर लिया और उन्होंने यह पाया कि वहाँ आए लोगों को वह गंदगी ज्यादा अखरती नहीं थी।

लोगों की सफाई का स्तर इतना गिरा हुआ था कि प्रतिनिधिगण रात में कमरे के बाहर सामनेवाले बरामदे में ही मल-मूत्र कर देते थे। उठने-बैठने, चलने-फिरने की जगह पर ऐसी गंदगी और बदबू थी कि वहाँ रहना असह्य था। सवेरे गांधीजी ने स्वयंसेवकों को मैला दिखाया, पर कोई उसे साफ करने को तैयार न था। गांधीजी उसे साफ करने लगे।

लोगों ने उनसे पूछा, ''आप क्यों अछूतों का काम कर रहे हैं?''

गांधीजी का जवाब था, ''क्योंकि सवर्ण लोगों ने इस जगह को अछूत बना दिया है।''

□

4

गांधीजी की खरी-खरी

''सफाई और गंदगी का संबंध सामाजिक स्तर से उतना नहीं है जितना व्यक्तिगत संस्कार से। कहीं तो यह संस्कार सहज होता है और कहीं सप्रयास अर्जित।''

महात्मा गांधी भारत को स्वच्छ बनाना चाहते थे, लेकिन ऐसा हो न सका। मौका था बनारस हिंदू विश्वविद्यालय के स्थापना दिवस का। गांधीजी तब 47 साल के थे। तब तक वे बापू नहीं बने थे। बी.एच.यू. के स्थापना दिवस के मौके पर वे मंच पर बैठे थे। उनके साथ ऐनी बेसेंट, पंडित मदन मोहन मालवीय और दरभंगा महाराज जैसी कई हस्तियाँ मौजूद थीं। सामने कई राजा-महाराजा और प्रबुद्ध वर्ग के लोग बैठे थे। मंच से कुछ बोलने की बारी उनकी थी। सभी को उम्मीद थी कि बी.एच.यू. के स्थापना दिवस पर वे शिक्षा के विषय में बोलेंगे, लेकिन उन्होंने जो कहा, उसे सुनकर वहाँ बैठे सभी लोग हैरान रह गए। वे बोले—

''कल मैं बाबा विश्वनाथ के दर्शन के लिए गया था। जिन गलियों से मैं जा रहा था, उसे देखते हुए मैं यही सोच रहा था कि अगर कोई अजनबी इस मंदिर में अचानक आ जाए तो हिंदुओं के बारे में वह क्या सोचेगा। अगर वह हमारी निंदा करेगा, तो क्या वह गलत होगा? इस मंदिर की जो हालत है क्या वह हमारे चरित्र को नहीं दिखा रही।''

करीब सौ साल पहले का ये भाषण भारत में उनका पहला सार्वजनिक भाषण था। तब उन्होंने गंदगी का जिक्र किया था। हिंदुओं के सबसे पवित्र तीर्थस्थानों में से एक बनारस का, शिव की नगरी काशी का, मोक्ष की धरती काशी का। जीवन-मरण के चक्र से मुक्ति की धरती। उस धरती पर कितनी गंदगी फैली है, उसका जिक्र गांधीजी अपने सन् 1916 के इस भाषण में कर रहे थे। उन्होंने आगे कहा—

"मैं ये बात एक हिंदू की तरह बड़े दर्द के साथ कह रहा हूँ। क्या ये कोई ठीक बात है कि हमारे पवित्र मंदिर के आस-पास की गलियाँ इतनी गंदी हों? उसके आस-पास जो घर बने हुए हैं वे चाहे जैसे-तैसे बने हों। गलियाँ टेढ़ी-मेढ़ी और सँकरी हों। अगर हमारे मंदिर भी सादगी और सफाई के नमूने न हों तो हमारा स्वराज्य कैसा होगा? अगर अंग्रेज यहाँ से बोरिया-बिस्तर बाँध के चले भी गए तो क्या हमारे मंदिर पवित्रता, स्वच्छता और शांति के धाम बन जाएँगे।"

गांधीजी के भाषण में पूरा जोर शहर में फैली गंदगी पर था। आखिर गांधी धर्मनगरी की इस हालत को देखकर इतने दुःखी क्यों थे?

जिस मंच से वे भाषण दे रहे थे, वहाँ मौजूद लोगों में उनका चेहरा थोड़ा कम जाना-पहचाना था। मंच पर ज्यादा बड़े मेहमान वे राजा और महाराजा थे, जिनके पैसे से बी.एच.यू. बना था। कांग्रेस के कई बड़े नेता भी मंच पर गांधी का भाषण सुन रहे थे। गांधी बिना लाग-लपेट के जो कुछ बोल रहे थे उसे अब सुन पाना मेहमानों के लिए मुश्किल हो रहा था। पहले तो गांधी ने अंग्रेजी में भाषण देनेवालों की खिंचाई की। उसके बाद वह शान-ओ-शौकत की नुमाइश करनेवाले राजा-महाराजाओं पर बरस पड़े।

महात्मा गांधी ने कहा, "मुझे हैरानी इस बात से हो रही है कि ये जो कार्यक्रम चल रहा है इसकी अध्यक्षता के लिए हम विदेशी जुबान का इस्तेमाल क्यों कर रहे हैं। क्या इस कार्यक्रम को चलाने के लिए हम अंग्रेजी की जगह हिंदी में नहीं बोल सकते। मैं यहाँ मौजूद राजा-महाराजाओं की शान-ओ-शौकत को देखकर भी हैरान हूँ। भारत तब तक मुक्त नहीं हो सकता जब तक कि आप लोग खुद को कीमती गहनों के भार से मुक्त कर देशवासियों के भरोसे

को नहीं जीत लेते।''

गांधी अभी भाषण दे ही रहे थे कि बी.एच.यू. की स्थापना में बड़ी भूमिका रखनेवाले स्वतंत्रता सेनानी पं. मदन मोहन मालवीय और ऐनी बेसेंट ने उन्हें रोकने की कोशिश की। गंदगी और साफ-सफाई की बातों को सुनकर गहनों से लदे राजकुमार गुस्से में वहाँ से निकल गए। इतना ही नहीं, दरभंगा महाराज कामेश्वर सिंह ने सभा को तुरंत बरखास्त कर दिया।

गांधीजी आखिर ऐसी बातें क्यों कर रहे थे? गांधी धार्मिक किस्म के व्यक्ति थे। तो क्या काशी की गंदगी को देखकर गांधी की धार्मिक भावना जाग उठी? या फिर यूरोप और दक्षिण अफ्रीका में रह चुके गांधी वहाँ की साफ-सफाई की संस्कृति से प्रभावित थे?

तब से अब तक सौ साल गुजर चुके हैं। क्या आस्था की काशी स्वच्छ और निर्मल बन गई? क्या विश्वनाथ मंदिर और वाराणसी की गलियाँ अब चमक उठी हैं। कितनी साफ और स्वच्छ है देश की धर्मनगरी?

महात्मा गांधी ने गंदी गलियों का जिक्र किया था। आज भी हम देख सकते हैं मंदिर के आस-पास की गलियाँ गंदगी से भरी हैं। सौ साल पहले भी यहाँ तंग गलियाँ थीं, आज भी यहाँ कोई बदलाव नहीं हैं। मंदिर की सफाई में सुधार तो हुआ है, लेकिन मंदिर से बाहर की दुनिया गंदगी से भरी है। महात्मा गांधी जिस पवित्रता और साफ-सफाई की बात किया करते थे, उसमें अभी भी कोई बदलाव नहीं आया है।

ईश्वर की तलाश

गांधीजी सन् 1916 में ही नहीं सन् 1903 से ही काशी की गंदगी से परेशान थे। दक्षिण अफ्रीका में वकालत के दौरान रंगभेद के खिलाफ आवाज बुलंद करने के बाद वे सन् 1903 में पहली बार वाराणसी आए। गांधी अभी महात्मा नहीं बने थे। गांधीजी काशी के विश्वनाथ मंदिर में पूजा के लिए निकले पर यहाँ जो कुछ उन्होंने देखा, उससे उनका मन बेहद दु:खी हो गया। मंदिर के बाहर मक्खियों का झुंड। दुकानदारों और तीर्थयात्रियों का शोर-शराबा। ये सब उनके बरदाश्त के बाहर था। गांधी अपनी डायरी में लिखते हैं, ''जिस जगह पर

लोग ध्यान और शांति के माहौल की उम्मीद करते हैं, वहाँ यह बिलकुल नदारद है। मंदिर पहुँचने पर मेरा सामना सड़े हुए फूलों की दुर्गंध से हुआ। मैंने देखा कि लोगों ने सिक्कों को अपनी भक्ति का जरिया बना रखा है, जिसकी वजह से न केवल संगमरमर के फर्श में दरारें दिखने लगी हैं, बल्कि इन सिक्कों पर धूल के जमने से वहाँ काफी गंदगी भी दिख रही थी। ईश्वर की तलाश में मैं मंदिर के पूरे परिसर में भटकता रहा, मगर मुझे धूल और गंदगी के सिवाय कुछ नहीं दिखा।''

वाराणसी शहर की गंदगी ने यहाँ गंगा को भी मैला कर दिया है। हर रोज 80 घाटों से पूजा सामग्री और कचरा यहाँ सीधे गंगा में गिरता है। घाटों पर कारोबार की पाबंदी है, लेकिन धड़ल्ले से दुकानें चल रही हैं। वाराणसी में हर रोज 18 करोड़ लीटर गंदगी निकलती है, जबकि सफाई सिर्फ 14 करोड़ लीटर पानी की ही हो पाती है। ट्रीटमेंट प्लांट बिजली की किल्लत की वजह से बंद रहते हैं। इसलिए हर रोज 4 करोड़ लीटर गंदगी सीधे गंगा में मिल रही है।

गांधीजी सन् 1903 के बाद सन् 1916 में वाराणसी आए। देश बदल चुका था। गांधी दक्षिण अफ्रीका को छोड़ भारत आने का फैसला कर चुके थे। पर नहीं बदली काशी, सौ साल बाद भी नहीं बदला मोक्ष देनेवाला ये शहर। पर ये हाल सिर्फ बनारस का नहीं है।

बड़ा धक्का

गंगा-यमुना और अदृश्य सरस्वती की त्रिवेणी का शहर इलाहाबाद। यहाँ महात्मा गांधी ने कहा, ''मुझे ये जानकर बड़ा धक्का लगा है कि हरिद्वार की तरह प्रयाग की पवित्र नदियाँ भी नगरपालिका के गंदे नालों के पानी से अपवित्र की जा रही हैं। इस खबर से मुझे काफी दुःख हुआ है। इस प्रकार जिला बोर्ड पवित्र नदियों के पानी को गंदा ही नहीं करता, बल्कि हजारों रुपया नदी में फेंकता है। नालियों के पानी का सही उपयोग किया जा सकता है। पर मुझे आश्चर्य होता है कि जिला बोर्ड ऐसा क्यों नहीं कर पा रहा है।''

सन् 1929 तक 60 साल के महात्मा गांधी आजादी के आंदोलन के सबसे बड़े नेता बन चुके थे। अंग्रेज हुकूमत से देश को आजाद कराने के लिए

पूरा देश उनके साथ खड़ा था। महात्मा गांधी इलाहाबाद के एक कार्यक्रम में गरीबों के लिए चंदा लेने आए थे। पर यहाँ की गंदगी ने उन्हें परेशान कर दिया।

अस्पताल के बाहर कूड़े का ढेर। स्कूल के बाहर गंदगी का अंबार। सरकारी दफ्तर के बाहर कचरे का जमावड़ा। बजबजाती नालियाँ, गंदगी से पटी सड़कें। तसवीर आज भी नहीं बदली है, ज्यादा बदरंग है। दीवारों पर पान की पीक और गली-मोहल्लों में घूमते आवारा जानवर। देश को पाँच प्रधानमंत्री देनेवाला ये इकलौता शहर, आज भी गंदगी के ढेर पर ही बैठा है।

इलाहाबाद से हर रोज 20 करोड़ लीटर गंदगी निकलती है, लेकिन सफाई का इंतजाम सिर्फ 8.9 करोड़ लीटर के लिए है। लिहाजा हर रोज तकरीबन 11 करोड़ लीटर सीवेज गंगा में गिर रहा है।

हरिद्वार के हालात

महात्मा गांधी पहली बार सन् 1915 में हरिद्वार आए थे, जब महाकुंभ लगा था। गांधीजी के 'यंग इंडिया' में लिखे लेख से पता चलता है कि तीर्थस्थानों को लेकर गांधीजी की जो कल्पना थी, वैसा कुछ भी हरिद्वार में नहीं था। धार्मिक स्वभाव के गांधी को धर्मनगरी घूमते हुए झटका लग रहा था।

महात्मा गांधी ने लिखा कि "पहली बार जब सन् 1915 में मैं हरिद्वार गया था तब मैं वहाँ सर्वेंट ऑफ इंडिया सोसाइटी के अध्यक्ष पंडित हृदयनाथ कुंजरू के अधीन एक स्वयंसेवक की तरह गया था। मैं बड़ी-बड़ी आशाएँ लगाकर और बड़ी श्रद्धा के साथ हरिद्वार गया था, लेकिन जहाँ एक ओर गंगा की निर्मल धारा ने और हिमाचल के पवित्र पर्वत शिखरों ने मुझे मोह लिया, वहाँ दूसरी ओर इस पवित्र स्थान पर मनुष्य के कामों से मेरे हृदय को कुछ भी प्रेरणा नहीं मिली। पहले की तरह आज भी धर्म के नाम पर गंगा मैली की जाती है। अज्ञानी और विवेकशून्य स्त्री-पुरुष गंगातट पर जहाँ ईश्वर दर्शन के लिए ध्यान लगाकर बैठना चाहिए वहाँ मल-मूत्र करते हैं। इन लोगों का ऐसा करना प्रकृति, आरोग्य और धर्म के नियमों का उल्लंघन करना है।"

महात्मा गांधी यहीं नहीं रुकते, धर्म और परंपरा के नाम पर जिस तरह से गंगा मैली की जाती है, इसके बारे में भी गांधीजी आगे लिखते हैं, "धर्म के नाम

पर जान-बूझकर गंगा को गंदा किया जाता है। विधिवत् पूजा कराने के लिए मुझे गंगातट पर ले जाया गया। जिस पानी को लाखों लोग पवित्र समझकर पीते हैं, उसमें फूल, सूत, गुलाल, चावल, पंचामृत वगैरह चीजें इस विश्वास में डाली गईं कि ये एक पुण्य काम है। मैंने इसका विरोध किया तो जवाब मिला कि ये तो युगों से चली आ रही एक सनातन प्रथा है। इस सबके अलावा मैंने ये भी सुना है कि शहर की गंदी नालियों का गंदा पानी भी आकर नदी में मिलता है, वह एक बड़ा अपराध है।''

महात्मा गांधी ने सौ साल पहले जिसे अपराध कहा, क्या हरिद्वार को ऐसे अपराधियों से मुक्ति मिल गई। सौ साल पहले जो गंदे नाले गंगा में मिलते थे, क्या उससे गंगा मुक्त हो गई?

महात्मा गांधी ने 'यंग इंडिया' में लिखे लेख के जरिए सन् 1929 में जो तसवीर खींची थी, 85 साल बाद आज भी हर रोज वही तसवीर दुहराई जाती है। हजारों हजार टन फूल, माला, सूत, गुलाल, चावल, पंचामृत गंगा में यूँ ही बहाए जाते हैं। गंगा हर रोज पहले से ज्यादा मैली होती जा रही है। केंद्रीय प्रदूषण बोर्ड की रिपोर्ट के मुताबिक हरिद्वार में हर रोज 3.90 करोड़ लीटर सीवर निकलता है, जबकि ट्रीटमेंट प्लांट की क्षमता सिर्फ 1.80 करोड़ लीटर ही है। यानी 2.10 करोड़ लीटर गंदगी रोजाना बिना ट्रीटमेंट के गंगा में डाली जा रही है। गुरुकुल काँगड़ी विश्वविद्यालय के एक शोध में कहा गया है कि हर श्रद्धालु करीब 650 ग्राम पूजन सामग्री गंगा में डालता है। अवसर विशेष पर तो एक ही दिन में करीब एक हजार टन पूजन सामग्री गंगा में बहा दी जाती है।

गांधीजी ने सन् 1929 में जिस गंदगी के बारे में कहा था, क्या उसमें बदलाव आया है? कैसे होगा सुधार, क्या गंदगी फैलाना हमारे चरित्र में है? राष्ट्रपिता ने सौ साल पहले गंदगी और साफ-सफाई को एक बड़ा मुद्दा बताया था। देश आजाद हुआ। 15 प्रधानमंत्री बन चुके हैं। पर आज भी चाहे हरिद्वार हो या इलाहाबाद या फिर वाराणसी—हालात नहीं बदले।

□

5

मैला ढोने की कुप्रथा

''पाश्चात्य देशों में सफाई की भावना जितनी व्यापक है, गंदगी की भावना उतनी ही हमारे यहाँ। पश्चिम के सभी लोग जन्मना स्वच्छता-प्रेमी हैं, ऐसा नहीं माना जा सकता, किंतु सामाजिकता से प्रेरित होकर उन्होंने स्वच्छता का अपने भीतर विकास कर लिया है। तभी तो पूरा का पूरा देश स्वच्छ दीखता है।''

गांधीजी मैला ढोने की प्रथा के सर्वथा खिलाफ थे, इसीलिए वे सफाईवालों के कंधे-से-कंधा मिलाकर काम करते थे, ताकि उन्हें समाज में अच्छा मुकाम मिल सके। आज 21वीं सदी का पहला दशक अपने अंतिम पड़ाव पर है, सारी दुनिया में तकनीकी का बोलबाला है। तकनीक के कारण यह कहा जा रहा है कि पूरी दुनिया एक गाँव में बदल चुकी है। विश्व में मानव अधिकारों की हर जगह चर्चा हो रही है। मानवीय गरिमा के साथ जीना हर मानव का अधिकार है, ऐसे समय में भारत में मैला प्रथा का जारी रहना देश की सभ्यता व तरक्की पर एक बदनुमा दाग की तरह है। मानवाधिकार का हनन भी है कि एक सदस्य का मल दूसरा सदस्य अपने हाथ से उठाए, यह अमानवीयता की पराकाष्ठा है।

गांधीजी के लाख प्रयासों के बावजूद देश में सैकड़ों लोग आज भी मैला ढोने के काम में लगे हुए हैं, उनमें से 95 प्रतिशत महिलाएँ हैं। ऐसे काम

करनेवालों को समाज में तुच्छ दृष्टि से देखा जाता है। वे आज भी दूसरों की तुलना में दयनीय हैं और इन्हें समाज की मुख्य धारा से अलग देखा जाता है। सामान्यत: मल एक ऐसी वस्तु है जो हमारे पेट में तो पैदा होती है पर जैसे ही वह हमारे शरीर से अलग होती है तो हम उस तरफ देखना या उसके बारे में सोचना भी पसंद नहीं करते हैं। लेकिन हमारे राष्ट्रपिता गांधी सभी रचनात्मक कार्यों में सफाई को महत्त्वपूर्ण स्थान देते थे और एक जगह तो उन्होंने यह कह डाला कि ''स्वच्छता स्वतंत्रता से भी अधिक आवश्यक है।''

लेकिन साथ ही यह भी सत्य है कि ग्रामीण इलाकों में खुले में शौच करने की अनादि काल से परंपरा रही है और इस व्यवहार को सामाजिक मान्यता भी मिली हुई है। लोगों के दिमाग में स्वच्छता का स्वास्थ्य से गहरा संबंध होने की धारणा कमज़ोर है। यद्यपि खुले में मल त्याग करने की कोई कीमत नहीं लगती है, कोई टोकता भी नहीं है और घर में हर व्यक्ति बीमार भी नहीं दिखता है, किंतु अब घनी आबादीवाले गाँवों में खुली एवं सुविधाजनक जगह एवं गोपनीयता का अभाव साफ दिखने लगा है।

अगर इतनी बड़ी आबादी के पास व्यक्तिगत शौचालय नहीं है तो ये सब लोटा लेकर कहाँ जा रहे हैं? जवाब है, परंपरागत जल स्रोतों के आस-पास, नदी, तालाब, नाला, पोखर, खेतों, पगडंडियों, आम रास्तों, जंगल व सरकारी भवनों के आस-पास और इनमें से अगर कोई जगह नहीं है तो स्वयं के घरों के आगे-पीछे नजदीक ही बैठ जाते हैं। हमने धरती माता को 'शौचालय' बना दिया है।

एक व्यक्ति प्रतिदिन 250 से 300 ग्राम मल त्यागता है और आज 50 प्रतिशत से भी ज्यादा आबादी खुले में मल त्याग कर रही है और प्रतिदिन करोड़ों टन मानव मल कहाँ चला जाता है? आज वातावरण में शौचालय की आवश्यकता केवल व्यक्तिगत परिवारों को ही नहीं, बल्कि स्कूलों में भी है, क्योंकि शौचालय के अभाव में बच्चों को पूरे समय तक स्कूल में रोके रखना, ठहराव बनाए रखना मुश्किल है, खासकर जब बालिकाएँ हों, क्योंकि लड़कियों की शारीरिक अवस्था में एक समय के बाद परिवर्तन होता है और ग्रामीण भारत की कई बच्चियाँ स्कूल में शौचालय नहीं होने के कारण पढ़ाई बीच में ही

छोड़कर चली जाती हैं और उन पर परिवार का दबाव भी होता है।

अतः आज गाँव स्तर पर स्थापित सरकारी भवनों की संस्थाओं में आँगनबाड़ी, स्कूल व पंचायत भवन मुख्य हैं, सरकारी भवनों की संख्या लाखों में है और आनेवाले बालक-बालिकाओं की संख्या करोड़ों में, क्योंकि आनेवाली भावी पीढ़ी यहाँ शिक्षा, स्वास्थ्य, पोषण व स्वच्छता के संस्कार सीख रही है।

एक परिवार, एक शौचालय

आज किसी भी गाँव में प्रवेश करने से पूर्व ही पता पड़ जाता है कि यहाँ से गाँव दिखाई दे रहा है, क्योंकि गाँव का आम रास्ता पूरी तरह से गंदगी से सना और बदबू से सराबोर है, जो अनेक प्रकार की बीमारियों का घर है। आज आकाश की ऊँचाई मापने की बात हो या आसमान छूने की, भारतवासी कहीं भी पीछे नहीं हैं। मोबाइल क्रांति से विश्व एक छोटा सा गाँव बन गया है। अर्थात् कर लो दुनिया मुट्ठी में बिलकुल सही है।

जहाँ एक ओर मोबाइल क्रांति की महिमा है, वहाँ दूसरी ओर यह बात शौचालय पर भी ठीक लागू होती है, यहाँ स्वच्छता क्रांति भी जरूरी है यानी एक परिवार में एक शौचालय। शौचालय के अभाव में सबसे ज्यादा परेशानी महिलाओं व किशोरियों को होती है और वे दिन शुरू होने से पहले व दिन छुपने तक का इंतजार करती हैं। गांधीजी ने कहा था कि गाँवों में भारत की आत्मा बसती है। गाँवों की समृद्धि ही भारत की शान है। शहरी विकास ग्रामीण भारत के विकास का द्योतक नहीं है। अतः गाँवों व शहरों का भेद मिटे तो हम महाशक्ति बन सकते हैं।

गांधीजी ने एक बार कहा था कि "स्वच्छता ईश्वर की भक्ति के सबसे समीप है।" उन्होंने अपने डरबन आश्रम में सबसे पहले फैंस लैट्रिन यानी चारदीवारी के भीतर शौच का इंतजाम शुरू किया। उनकी व्यवस्था में हर व्यक्ति को अपना शौचालय साफ करना होता था। आज भी पुराने गांधीवादियों में यह चलन देखा जा सकता है। ग्रामीण क्षेत्रों के लिए उनका सुझाव था कि झाड़ी में जाइए और शौच कीजिए। शौच के बाद उस पर मिट्टी डालिए। शौचालय की सफाई के जरिए वे दरअसल मैला साफ करनेवाले लोगों को

समाज में बेहतर स्थान दिलाना चाहते थे। हमारे यहाँ परंपरा रही है कि घर के नजदीक शौच न करें। गांधीजी ने उसमें बदलाव का इंतजाम किया और चारदीवारी के भीतर शौच व्यवस्था की शुरुआत की। उनकी कोशिश इन लोगों को शौच-सफाई के घिनौने काम से मुक्ति दिलानी थी। वे शौचालय को सामाजिक बदलाव के औजार के तौर पर देखते थे।

□

6

लाट साहब बनकर भी सफाई

''स्वच्छता सभ्यता का प्रथम सोपान है। यह ईश्वर की भक्ति के सबसे समीप है।''

महात्मा गांधी ने कहा था, ''जिस नगर में साफ सँड़ास नहीं हों और सड़कें तथा गलियाँ चौबीसों घंटे साफ नहीं रहती हों, वहाँ की नगरपालिका इस काबिल नहीं है कि उसे चलने दिया जाए। नगरपालिकाओं की सबसे बड़ी समस्या गंदगी है।''

राष्ट्रपिता महात्मा गांधी के लिए साफ-सफाई देश की आजादी से भी अधिक जरूरी थी। उनका यह मानना था, अगर उन्हें एक दिन के लिए भारत का लाट साहब (वायसराय) बना दिया जाए तो उसके बाद भी वह वाल्मीकि समुदाय की गंदी बस्तियों को साफ करना पसंद करेंगे।

एक बार एक अंग्रेज ने महात्मा गांधी से पूछा, ''यदि आपको एक दिन के लिए भारत का बड़ा लाट साहब (वायसराय) बना दिया जाए तो आप क्या करेंगे?''

गांधीजी ने कहा, ''राजभवन के पास जो गंदी बस्ती है, मैं उसे साफ करूँगा।''

अंग्रेज ने फिर पूछा, ''मान लीजिए कि आपको एक और दिन उस पद पर रहने दिया जाए तब?''

गांधी ने फिर कहा, ''दूसरे दिन भी वही करूँगा।''

जब नगरपालिकाएँ अभिनंदन करती थीं तो उनके पत्रों के उत्तर में गांधीजी अकसर कहा करते थे, ''मैं आपको इस नगर की चौड़ी सड़कों, बढ़िया रोशनी और सुंदर बागों के लिए बधाई देता हूँ, लेकिन जिस नगर में साफ सँड़ास नहीं हो वहाँ की नगरपालिका इस काबिल नहीं है कि उसे चलने दिया जाए।''

महात्मा गांधी जनता से कहते थे, ''जब तक आप लोग अपने हाथ में झाड़ू और बालटी नहीं लेंगे तब तक आप अपने नगरों को साफ नहीं रख सकते।''

एक स्कूल को देखने के बाद उन्होंने शिक्षकों से कहा था, ''आप अपने छात्रों को किताबी पढ़ाई के साथ-साथ खाना पकाना और सफाई का काम भी सिखा सकें, तभी आपका विद्यालय आदर्श होगा।''

सफाई पर जोर

महात्मा गांधी ने सफाई अभियान की शुरुआत अपने आश्रम से की थी और वे सभी लोगों को इसे अपनाने पर जोर देते थे। वे सुबह चार बजे उठकर साफ-सफाई में जुट जाते थे। वर्धा आश्रम में उन्होंने अपना शौचालय स्वयं बनाया था और इसे प्रतिदिन साफ करते थे।

कोई काम छोटा नहीं

महात्मा गांधीजी किसी काम को छोटा नहीं मानते थे। उच्च जाति के होते हुए भी वे स्वयं को भंगी कहते थे, भंगियों के साथ रहते थे और भंगियों का काम करते लज्जित न होते थे। सन् 1910 में जब ट्रांसवाल की सरकार ने बहुत से भारतीय सत्याग्रहियों को भारत में लाकर छोड़ दिया, उस समय उन्होंने उनकी सेवा का व्रत लिया। यहाँ गांधीजी उनकी सब आवश्यकताएँ पूरी करते और उनकी सेवा करते थे। सवेरे उठकर विद्यार्थियों को पढ़ाते और अपने हाथों से शौचालय साफ करते। उनके मैले कपड़े धोते। सभी स्त्री-पुरुषों का गांधीजी पर पूर्ण भरोसा था।

गांधीजी की सेवा स्वार्थरहित थी। उसके बदले में वे कुछ चाहते नहीं थे। निष्काम सेवा को ही वे महत्त्वपूर्ण समझते थे।

उन्होंने जीवन में सफाई का सदैव ध्यान रखा। उनके कपड़े बहुत सादे होते थे, पर बड़े स्वच्छ होते थे। क्या मजाल कि उनके कपड़ों पर दाग पड़ा हो अथवा वे गंदे हों। अपने कपड़े वे स्वयं धो लिया करते थे।

वे चाहते थे कि भारतवर्ष के सभी गाँव साफ-सुथरे रहें और वहाँ के निवासियों की रगरग में सफाई पसंदगी हो। जब वे वर्धा आश्रम में रहते थे, वह गाँव बड़ा गंदा था। लोग घरों के सामने ही मल-मूत्र कर देते थे। चारों ओर बदबू फैली रहती थी। गांधीजी ने लोगों को बहुतेरा समझाया कि वे मल-मूत्र करने गाँव के बाहर जाएँ और घर का कूड़ा भी बाहर फेंके पर अनपढ़, गँवार होने के कारण गाँव के लोग उनकी बात सुनते ही नहीं थे। अत: उन्होंने स्वयं वह काम करके लोगों को दिखलाना शुरू कर दिया। वे रोज सवेरे अपने साथियों को लेकर गाँव की सफाई और मल-मूत्र साफ करने के लिए जाने लगे, तब धीरे-धीरे ग्रामवासी भी सुधर गए। ग्राम की अच्छी सफाई होने लगी।

कर्तव्यपालन

गांधीजी जब पहली बार दक्षिण अफ्रीका गए तो कुछ ही वर्षों बाद वापस भारत लौट आए थे। इस दौरान वे वहाँ सत्याग्रह चलाते रहे। अभी वे महात्मा नहीं बने थे। इस भारत प्रवास में एक बार वे रेल में सफर कर रहे थे। तभी पास बैठे एक सज्जन ने डिब्बे में ही थूक दिया। गांधीजी ने उसे कागज के टुकड़े से साफ कर दिया। सज्जन ने सोचा ये सफाई-पसंद व्यक्ति उन्हें नीचा दिखाना चाहता है, इसलिए उसने फिर थूक दिया। गांधीजी ने फिर साफ कर दिया। और यात्रा के अंत तक यह सिलसिला चलता रहा। अंत में जब स्टेशन आया तो लोगों की भीड़ उसी डिब्बे की ओर पुकारते हुए बढ़ी, ''गांधीजी की जय।''

थूकनेवाले सज्जन ने देखा कि थूक पूछनेवाले व्यक्ति की जय-जयकार हो रही है और वे गांधीजी हैं, तो वह ग्लानि से जमीन में गड़ गया और बापू के चरणों में गिरकर क्षमा माँगने लगा।

बापू ने कहा, ''मैंने केवल अपने कर्तव्य का निर्वहन किया है, जब कभी तुम्हारे सामने भी ऐसी स्थिति उत्पन्न हो, तो तुम भी यही करना, बस।''

□

7

सार्वजनिक स्वच्छता एवं शिष्टाचार

''गंदगी एक बड़ी सामाजिक बुराई है। इससे लोगों का स्वास्थ्य और पर्यावरण बिगड़ता है। पैगंबर ने कहा है कि स्वच्छता और पवित्रता उन पर किए जानेवाले आधे विश्वास के बराबर है।''

गांधीजी कहते हैं—जरा सोचिए, क्या हम भारतीय साफ-सफाई, हाईजीन, समय की पाबंदी, सार्वजनिक शिष्टाचार आदि में बहुत पीछे नहीं हैं? हम भारतीय अपने दैनिक जीवन और व्यवहार में इस तरह के मुद्‍दों को वैसा महत्त्व देते ही नहीं, जैसा कि पश्चिमी लोग देते हैं। लेकिन इसे हमारी उदारता माना जाना चाहिए या अनभिज्ञता? हाईजीन के प्रति अनभिज्ञता, सार्वजनिक शिष्टाचार संबंधी कमियों, डेडलाइनों के प्रति बेपरवाही, सड़क पर अराजकता, नियमों का पालन करने में अनिच्छा, कामकाज में ढिलाई, चलता है का नजरिया और ऐसी ही दर्जनों कमियाँ हममें से ज्यादातर लोगों की आदतों में शुमार हैं। दुनिया भर में इन कमियों के लिए हमारी खूब खिल्ली उड़ाई जाती है। एक राष्ट्र के तौर पर हमें इन वैश्विक आलोचनाओं को भूलना नहीं चाहिए।

अपने बेपरवाह तौर-तरीके भले ही हमें कितने भी सुविधाजनक क्यों न लगें, ये हमारे पिछड़ेपन की निशानियाँ भर हैं। विकसित भारत का निर्माण महज आर्थिक, सैनिक, वैज्ञानिक, तकनीकी, औद्योगिक और पेशेवर तरक्की

से संभव नहीं है। हमारा समाज इस विकास का सबसे महत्त्वपूर्ण पहलू है। दुर्भाग्य से अर्थव्यवस्था के प्रभावशाली आँकड़ों के बावजूद सामाजिक आचरण के स्तर पर हम बहुत आगे नहीं बढ़े हैं। उस मोरचे पर हमें तीसरी दुनिया के देशों—पाकिस्तान, बँगलादेश, मालदीव, मिस्र, ईरान, नाइजीरिया आदि की श्रेणी में ही गिना जाता है। अपने सामाजिक जनजीवन में मौजूद कमियों और वर्जनाओं से मुक्ति पाए बिना हम आधुनिक भारत का निर्माण नहीं कर सकते। आइए, खुद अपने और अपने आस-पास से पिछड़ेपन की उन तमाम निशानियों को निकाल फेंकें जो हमारे समाज की निराशाजनक अंतरराष्ट्रीय छवि के लिए जिम्मेदार हैं।

यह कहना अतिशयोक्ति नहीं होगा कि हममें से ज्यादातर लोगों को स्वच्छता और सार्वजनिक शिष्टाचार के सही मायने नहीं मालूम। इसका अहसास तब तक नहीं होता, जब तक कि हम किसी विकसित राष्ट्र को न देखें। भारत में तो हममें से ज्यादातर लोग एक जैसे ही हैं। विदेशों पर एक नजर डालने की जरूरत है। हवाईअड्डों से लेकर सड़कों तक धूल और गंदगी का नामोनिशान तक नहीं। सड़कों पर थूकने, कूड़ा फेंकने, सड़कों के किनारे पेशाब करने, पार्कों में गंदगी फैलाने, साँस की बदबू और पसीने की गंध का खयाल न करने, इमारतों पर पान-गुटके की चित्रकारी जैसी चीजें विकसित देशों में कहीं दिखाई नहीं देती। सड़क किनारे खुले में बिकते खाद्य पदार्थ, सार्वजनिक स्थानों पर खाँसते, छींकते, डकारते और धूम्रपान करते लोग, ट्रेनों, बसों और अस्पतालों तक में जोर-जोर से बातें करते मोबाइलधारी और आम लोग, महिलाओं को लगातार घूरते और उनके लिए आरक्षित सीटों पर मजे से बैठे ढीठ इनसान भी भारत या तीसरी दुनिया के देशों में ही बहुतायत से दिखते हैं। ऐसा नहीं कि विकसित देशों में कोई सामाजिक कमियाँ नहीं हैं, लेकिन सवाल कमियाँ गिनाने का नहीं अपने देश और सामाजिक जीवन को बेहतर बनाने का है।

पिछड़ेपन की निशानियाँ

बातें और भी बहुत सी हैं। मिसाल के तौर पर हमारी लेटलतीफ की छवि। क्या एक बढ़ते राष्ट्र के नाते यह चिंताजनक नहीं? जिन मियादों को

हमने ही तय किया, उन्हें भी हम पूरा नहीं कर पाते और इसके लिए किसी तरह का अपराधबोध भी महसूस नहीं करते। इसके लिए हम किसी प्रशंसा या गौरव के पात्र नहीं हैं। देरी के बहाने तलाशने की बजाय हमें प्रोफेशनल बनना पड़ेगा। यह सुनिश्चित करना होगा कि चाहे कुछ भी हो जाए, हर काम सही समय पर पूरा किया जाएगा। चलता है का तरीका अब नहीं चलेगा।

साफ पानी का मुद्दा

पानी की सफाई का मुद्दा देखिए। टेलीविजन, रेडियो और अखबारों में धुआँधार प्रचार होने के बावजूद लोग अपने घरों में जमा पानी तक नहीं हटाते। डेंगू से लेकर चिकनगुनिया तक, ड्रॉप्सी से लेकर स्वाइन फ्लू तक और सॉर्स से लेकर प्लेग तक कितनी ही महामारियाँ हमारे यहाँ वार्षिक आधार पर होती हैं, क्योंकि हम सफाई सुनिश्चित नहीं कर सकते।

खेल देखने के लिए टिकट खरीदने की बजाय पास का जुगाड़ करते हैं और अपने बच्चों की उम्र के श्रमिकों से काम करवाते हैं। हर बारिश में कितने लोग बिजली के तार जमीन पर गिरने से मर जाते हैं, इसकी न हम नागरिकों को परवाह है और न अधिकारियों को। हैंडपंपों के खुले गड्ढों से लेकर खुले मेन होल तक में कितने बच्चे और बड़े गिरते और मरते हैं, इसे हम टेलीविजन और अखबारों में देखकर अफसोस जता देते हैं, मगर करते कुछ नहीं। कुछ दिन बाद फिर ऐसी घटना होती है और उसके बाद फिर।

□

8

चंपारण आंदोलन व स्वच्छ भारत

''गंदगी का न तो कोई एक रूप है, न एक स्तर और न एक कारण। जिस स्थान पर खड़ा होने में मुझे या कुछ लोगों को जुगुप्सा होती है, वहीं बहुत सारे लोग इत्मीनान से बैठकर क्लब का आनंद उठाते हैं और रात को बिस्तर लगाकर शांति और चैन की नींद सोते हैं।''

चंपारण आंदोलन गांधीजी का मानव शोषण के खिलाफ नफरत, स्वच्छ और स्वास्थ्य संवेदनाओं को उजागर करता है। लेकिन आजाद भारत में गांधी के उत्तराधिकारियों ने उनके सपनों को साकार करने का अब तक ईमानदार प्रयास नहीं किया और शोषण के खिलाफ कई कानून तो बने, परंतु स्वास्थ्य का अधिकार और इससे संबंधित स्वास्थ्य नीति का इस देश में आज भी सर्वथा अभाव है।

महात्मा गांधी के सत्याग्रह, स्वच्छ और स्वास्थ्य के संबंध में उनकी अवधारणाओं को जानने के लिए चंपारण आंदोलन का विशेष महत्त्व है। गांधी ने चंपारण सत्याग्रह से चंपारणवासियों को नील की खेती करने पर मजबूर करनेवाले जमींदारों के आतंक तथा शोषण से मुक्ति दिलाई, वहीं स्वच्छता और स्वास्थ्य के प्रति लोगों को जागरूक कर अपनी अवधारणाओं को प्रतिपादित किया। यह स्वतंत्रता इतिहास के स्वर्णिम अध्याय का सृजन करती है।

अंग्रेजों ने एक लाख एकड़ से भी अधिक उपजाऊ भूमि पर कब्जा कर लिया था और उन पर अपनी कोठियाँ स्थापित कर ली थीं। ये लोग खुरकी और तीन कठिया व्यवस्था द्वारा किसानों पर तरह-तरह के जुल्म बरपाते और उनका शोषण करते थे। खुरकी व्यवस्था के तहत अंग्रेज रैयतों को कुछ रुपए देकर कुल जमीन और घर आदि जरपेशगी रखकर उन्हीं से जीवनपर्यंत नील की खेती कराते थे। इसी प्रकार तीन कठिया व्यवस्था के तहत किसानों को अपने खेत के प्रत्येक बीघा के तीन कट्ठे पर नील की खेती करनी पड़ती थी। इसमें खर्च रैयतों का होता था और बगैर मुआवजा दिए नील अंग्रेज ले जाते थे। इतना ही नहीं, अनेक तरह के टैक्स उनसे वसूले जाते थे। हजारों भूमिहीन मजदूर तथा गरीब किसान खाद्यान की बजाय नील की खेती करने के लिए बाध्य हो गए थे। ऊपर से बागान मालिक भी जुल्म ढा रहे थे।

इस शोषण की मार से चंपारण के किसानों के बच्चे शिक्षा-स्वास्थ्य की मूलभूत सुविधाओं से वंचित थे। किसान शरीर से दुर्बल और बीमार रहते थे। नील के किसान क्षय रोग के शिकार हो रहे थे। गांधीजी चंपारण की हालत सुनकर हतप्रभ हो गए और वहाँ चलकर लोगों को सत्याग्रह के माध्यम से आंदोलित करने का निर्णय लिया। अप्रैल 1917 में कांग्रेस का वार्षिक अधिवेशन संपन्न होने के बाद गांधीजी कलकत्ता से चंपारण आए और किसानों के आंदोलन का नेतृत्व सँभाला। उनके दर्शन के लिए हजारों लोगों की भीड़ उमड़ पड़ी। किसानों ने गांधीजी को अपनी सारी समस्याएँ बताईं।

गांधीजी के आंदोलन से चंपारण की पुलिस भी हरकत में आई। पुलिस अधीक्षक ने गांधीजी को जिला छोड़ने का आदेश दिया। गांधीजी ने आदेश मानने से इनकार कर दिया। अगले दिन गांधीजी को कोर्ट में हाजिर होना था। हजारों किसानों की भीड़ कोर्ट के बाहर जमा थी। गांधी के समर्थन में नारे लगाए जा रहे थे। हालात की गंभीरता को देखते हुए दंडाधिकारी ने बगैर जमानत के गांधीजी को मुक्त करने का आदेश दिया। लेकिन गांधीजी ने कानून के अनुसार सजा की माँग की। फैसला स्थगित कर दिया गया। इसके बाद गांधीजी किसानों को आंदोलित और जागरूक करने के लिए निकल पड़े।

गांधीजी ने किसानों के बच्चों को शिक्षित करने के लिए ग्रामीण विद्यालय

खुलवाए। लोगों को साफ-सफाई से रहने का तरीका सिखाया। सारी गतिविधियाँ गांधीजी के आचरण से मेल खाती थीं। स्वयंसेवकों ने मैला ढोने, धुलाई, झाड़-बुहारू तक का काम किया। स्वास्थ्य जागरूकता का पाठ पढ़ाते हुए लोगों को उनके अधिकारों का ज्ञान कराया, ताकि किसान स्वस्थ रह सकें और अपने में रोग प्रतिरोधक क्षमता को विकसित कर सकें।

चंपारण आंदोलन को देखते हुए लेफ्टिनेंट गवर्नर एडवर्ड ने गांधीजी को बुलावा पत्र भेजा और एफ. स्लर्ड की अध्यक्षता में एक आयोग का गठन किया, जिसमें गांधीजी को भी सदस्य बनाया गया। जाँच-पड़ताल के बाद इस आयोग ने सर्वसम्मति से प्रतिवेदन तैयार कर सरकार को सौंप दिया। सरकार ने रपट के आधार पर कानून बनाया, जिसके जरिये तीन कठिया प्रथा गैर-कानूनी करार दी गई। गांधीजी ने अपनी आत्मकथा में लिखा है कि ''चंपारण के ये दिन मेरी जिंदगी में ऐसे थे जो कभी भुलाए नहीं जा सकते, जहाँ मैंने ईश्वर का, अहिंसा का और सत्य का साक्षात्कार किया।''

गांधीजी ने स्वच्छ और स्वस्थ रहने के संदर्भ में कहा था कि ''हमें अपने संस्कारों और विधियों को नहीं भूलना चाहिए। स्वच्छ रहकर ही हम स्वस्थ रहेंगे। इसके पालन से ही मानव स्वस्थ रह सकेगा।'' उन्होंने कहा था ''हमारे संस्कार हमें प्रकृति के करीब लाते हैं, लेकिन हम प्रकृति से दूर होते जा रहे हैं और उसी का परिणाम है कि हम लगातार बीमारियों के जाल में फँसते जा रहे हैं।''

उन्होंने बल देते हुए कहा था, ''अगर हम स्वास्थ्य चाहते हैं तो हमें फिर से पुरानी परंपराओं में छिपे स्वास्थ्य के मंत्रों को अपने जीवन में उतारना होगा।'' गांधीजी की अवधारणाओं को उनके उत्तराधिकारी आजादी के लगभग सात दशक गुजर जाने के बावजूद भी जमीन पर नहीं उतार पाए। लिहाजा लोगों को जहाँ स्वास्थ्य का अधिकार प्राप्त नहीं है, वहीं यह क्षेत्र बुनियादी सुविधाओं से वंचित है और जीवनरक्षक दवाएँ भी महँगी खरीदनी पड़ती हैं। जिसे रोक पाने में सरकारें अब तक असफल रही हैं। इसके लिए फिर से एक बार नए कलेवर के साथ गांधी के चंपारण आंदोलन की आवश्यकता है।

अपने गिरेहबान में झाँकें

कुछ वर्षों पूर्व प्रसिद्ध उद्योगपति राहुल बजाज ने कहा था, ''यदि हम केवल स्वच्छता को ही अपना लें तो केवल पर्यटन उद्योग से ही हम पर्याप्त रोजगार उत्पन्न कर सकते हैं।''

भूतपूर्व राष्ट्रपति ए.पी.जे. कलाम ने अपने हैदराबाद के एक भाषण में जो कुछ कहा था, उसका लब्बोलुआब कुछ इस प्रकार का था, ''आप सिंगापुर की सड़कों पर सिगरेट का टुकड़ा नहीं फेंकते, किसी स्टोर में नहीं खाते। ऑस्ट्रेलिया-न्यूजीलैंड के समुद्रतटों पर कचरा नहीं फेंकते। जापान की सड़कों पर पान खाकर नहीं थूकते। परंतु भारत में हमारा आचरण ठीक उसके विपरीत होता है। अमेरिका में हर कुत्ते का मालिक उसके कुत्ते के मल त्याग के पश्चात् उसे स्वयं साफ करता है, यूँ ही सड़क को खराब करने के लिए छोड़ नहीं देता। इसके विपरीत भारत में लोग सुबह-शाम कुत्तों को लेकर घूमने निकलते हैं और उनके कुत्ते जगह-जगह मल-मूत्र विसर्जन करते फिरते हैं और बाद में वे ही शिकायत करते फिरते हैं कि नगरपालिका साफ-सफाई नहीं करती। लेकिन हम अपने गिरेहबान में झाँककर नहीं देखते।''

कई ट्रेनों में हर डिब्बे में कचरे का डिब्बा रखा होता है, परंतु लोग खाते-पीते हैं और कचरे को जहाँ बैठे हैं, वहीं कहीं डाल देते हैं या घुसेड़ देते हैं। इस प्रकार अस्वच्छता के मामले में हममें अमीर-गरीब का कोई भेद नहीं, अस्वच्छता फैलाने में कोई किसी से कम नहीं। कहने को ही हम लोग बड़े धार्मिक हैं। हमारा देश बड़ा धर्मप्रधान है और सभी धर्म स्वच्छता पर जोर देते हैं।

सभी धर्मों का स्वच्छता पर जोर

मनु के अनुसार प्रात:काल शरीर-स्वच्छता तो सामान्य शौच (शुद्धता, पवित्रता) का एक अंग है।

गौतम के मत से शौच एक आत्मगुण है।

ऋग्वेद ने शुचित्व पर बल दिया है।

हमारे यहाँ स्नान किए बगैर कोई धार्मिक कर्मकांड किया ही नहीं जा सकता। हर पर्व पर पवित्र नदियों में स्नान किया जाता है।

कुरान में भी कहा गया है कि अल्लाह खूब पाक रहनेवालों को पसंद करते हैं। पैगंबर की आज्ञा है कि प्रार्थना के समय शरीर अपवित्र हो गया हो तो स्नान करना चाहिए। वैसी आवश्यकता न होने पर प्रत्येक प्रार्थना के समय कम-से-कम वुजू तो करना चाहिए।

बाइबल भी सिखाती है कि ईश्वर ही स्वच्छता है। स्वच्छता ईश्वर के निकट ले जाती है। बाइबल के हिसाब से शुद्ध रहने का मतलब सिर्फ अपने शरीर को साफ-सुथरा रखना नहीं है। अगर हम चाहते हैं कि हम परमेश्वर की नजर में शुद्ध ठहरें तो हमें अपनी जिंदगी के हर पहलू में शुद्ध होना चाहिए। परमेश्वर के प्यार के लायक बने रहने के लिए जरूरी है कि हम बस एक-दो बातों में नहीं बल्कि हर तरह से साफ और शुद्ध रहें। शरीर को गंदा करनेवाली आदतें और काम छोड़ना और उनसे दूर रहना शायद आसान न हो, मगर यह मुमकिन जरूर है।

गांधीजी देश के पहले ऐसे नेता रहे, जिन्होंने शौचालयों की ओर लोगों का ध्यान आकृष्ट किया। उनके कई अनुयायियों ने आजीवन सार्वजनिक सफाई का काम किया।

भारत सरकार ने सन् 1986 में केंद्रीय ग्रामीण स्वच्छता कार्यक्रम प्रारंभ किया था जो सन् 1999 में संपूर्ण स्वच्छता अभियान में रूपांतरित हो गया। सन् 2012 में निर्मल भारत अभियान को भी इसी मकसद से शुरू किया गया। प्रधानमंत्री नरेंद्र मोदी ने भी 'पहले शौचालय फिर देवालय' का नारा दिया। परंतु जैसी चाहिए वैसी सफलता हासिल हो नहीं पाई।

सफाई पहला पाठ

गांधीजी अफ्रीका के सत्याग्रह में सफलता प्राप्त कर भारत लौट आए थे। अपने गुरु श्री गोखले के कथनानुसार वे समूचे भारत में घूम रहे थे। संयुक्त प्रांत में घूमते समय बिहार के कुछ लोग उनसे मिले। बिहार के चंपारण में गोरे जमींदारों ने भारी जुल्म मचा रखा था। बिहार के शिष्टमंडल के लोगों ने कहा, ''गांधीजी, आप आइए, हमें रास्ता दिखाइए।''

गांधीजी बोले, ''मैं जरूर आऊँगा, लेकिन आप लोगों को मेरी बात

माननी होगी।''

उन्होंने स्वीकार किया, ''जैसा आप कहेंगे, हम वैसा ही करेंगे।''

''जेल जाने की तैयारी रखेंगे?''

''जी, हाँ।''

बात तय हो गई और कुछ दिनों के बाद चंपारण सत्याग्रह के लिए वे दौड़ पड़े। राजेंद्र बाबू वगैरह बिहार के सत्याग्रही उसी समय पहले-पहल गांधीजी से मिले। किसानों का काम तो शुरू हुआ, लेकिन गांधीजी को सारी जनता के अंदर चेतना जगानी थी। कई साथी स्वयंसेवकों से उन्होंने कहा, ''आप लोग देहातों में जाएँ और किसानों के बच्चों के लिए स्कूल चलाएँ।''

कस्तूरबा भी चंपारण गई थीं। एक दिन गांधीजी ने उनसे कहा, ''तुम क्यों कोई स्कूल नहीं शुरू करतीं? किसानों के बच्चों के पास जाओ, उन्हें पढ़ाओ।''

कस्तूरबा बोलीं, ''मैं क्या सिखाऊँ? उन्हें क्या मैं गुजराती सिखाऊँ? अभी मुझे बिहार की हिंदी आती भी तो नहीं।''

गांधीजी बोले, ''बात यह नहीं है। बच्चों का प्राथमिक शिक्षण तो सफाई का है। किसानों के बच्चे को इकट्ठा करो। उनके दाँत देखो। आँखें देखो। उन्हें नहलाओ। इस तरह उन्हें सफाई का पहला पाठ तो सिखा सकोगी। माँ के लिए यह सब करना कठिन थोड़े ही है। यह सब करते-करते उनके साथ बातचीत करोगी, तो वे भी तुमसे बोलेंगे। उनकी भाषा तुम्हारी समझ में आने लगेगी और आगे जाकर तुम उन्हें ज्ञान भी दे सकोगी। लेकिन सफाई का पाठ तो कल से ही उन्हें देना शुरू करो।''

कस्तूरबा अगले दिन से वही करने लगीं, बाल-गोपालों की सेवा का असीम आनंद लूटने लगीं।

□

9

सफाई श्रेष्ठ कार्य

''गंदगी का संबंध गरीबी या अशिक्षा से मानना संगत नहीं है। स्वयं साफ रहो, सुरक्षित रहो और औरों को भी रोगों से बचाओ।''

दिल्ली की बात है। गांधीजी बिरला भवन में ठहरे थे। वे स्नानघर में गए। थोड़ी ही देर पहले सेठ बिरला स्नान करके गए थे। उनकी भीगी धोती वहीं पड़ी थी। बापूजी ने वह धोती साफ की। फिर नहाकर अपना अँगोछा सूखने के लिए फैलाया और बाद में सेठजी की धोती भी झटककर फैला रहे थे, इतने में सेठजी आ गए। उन्होंने बापू के हाथ से झट धोती छीन ली और बोले, ''बापू, यह क्या किया?''

''वहीं पड़ी थी। साफ धोती पर किसी का पैर पड़ जाता, इसलिए धो दिया। इसमें क्या बुरा हुआ? सफाई के काम से बढ़कर महान् काम और कौन सा है?''

गांधीजी सभी रचनात्मक कामों में सफाई को महत्त्वपूर्ण स्थान देते रहे हैं। सफाई प्रकृति का एक मौलिक गुण है। कहते हैं कि कुत्ता भी बैठते समय पूँछ से जमीन साफ कर लेता है। आखिर हम तो इनसान हैं। भगवान् ने इनसान को ही बुद्धि का सरदार बनाया है।

सृष्टि के सभी प्राणियों में मनुष्य सर्वोच्च प्राणी समझा जाता है। अत: मनुष्य में सफाई का स्तर सबसे ऊँचा होना चाहिए। यही कारण है कि वह

साफ-सुथरे शब्द का इस्तेमाल जिंदगी के हर पहलू में किया करता है। प्रत्येक मनुष्य, फिर चाहे किसी पेशे का हो, किसी-न-किसी रूप में अपने घर-द्वार की सफाई किया करता है। घर के बाहर, समाज में अथवा दूसरों से मिलने के लिए साफ कपड़े पहनकर जाने के पीछे सफाई संबंधी एक सामाजिक प्रतिष्ठा छिपी है। दूसरों के सामने अपनी गंदगी जाहिर होने में आदमी शर्म का अनुभव करने लगता है। इससे प्रकट होता है कि मनुष्य समाज में गंदगी के प्रति स्वाभाविक घृणा करता है।

आजकल सफाई का मतलब बड़े संकुचित दायरे में लिया जाता है। घर-द्वार साफ कर कूड़ा बाहर फेंक देना, कपड़े साफ रखना, सामान तरतीब से रख देना आदि सफाई की हद समझी जाती है। सफाई के जितने साहित्य (साधन) हैं, वे भी सफाई को स्वास्थ्य और सभ्यता की श्रेणी में ही सीमित रखते हैं। किंतु वर्तमान वैज्ञानिक और आर्थिक युग में इस विषय को कुछ और भी गहराई से देखना होगा। हमें यह समझना होगा कि मनुष्य के व्यक्तिगत और सामूहिक जीवन में सफाई का आर्थिक, सामाजिक और नैतिक दृष्टि से क्या स्थान है।

वस्तुतः सफाई का क्षेत्र किसी एक स्थान में सीमित नहीं है और न इसकी कोई दिशा है। उसे किसी हिस्से में भी बाँटा नहीं जा सकता है। क्योंकि समाज के सर्वांगीण जीवन का यह एक मुख्य अंग है। अर्थात् यह पूर्ण विज्ञान, संपूर्ण उद्योग और बुनियादी कला है तथा शरीर, मन और नैतिक विकास का मौलिक साधन है। जिसे कूड़ा-करकट समझकर फेंक दिया जाता है, उसकी यदि वैज्ञानिक ढंग से व्यवस्था की जाए तो आसानी से उसे उत्पादन का जरिया बना सकते हैं। साधारणतः गंदगी दूर करने का अर्थ कूड़े-करकट को एक स्थान से दूसरे स्थान पर हटा देना समझा जाता है। सचमुच इसे सफाई नहीं कहते। इसे तो गंदगी का स्थानांतरण ही कहा जा सकता है।

हमारे शहरों तथा कस्बों में जगह-जगह कूड़े व गंदगी के बदबूदार दृश्य देखना आम बात है। बढ़ती आबादी के साथ हमारी बस्तियाँ भी बढ़ती जा रही हैं और इसके साथ कूड़े और गंदगी की समस्या भी विकराल होती जा रही है। सफाई की व्यवस्था चरमरा गई है।

सफाई की प्रतीक झाड़ू

गांधीजी की हरिजन–यात्रा उड़ीसा में चल रही थी। इसमें रोज ही नित–नए लोग शामिल होते थे और कुछ हटते जाते थे। एक दिन यात्रा आरंभ हुई तो कांग्रेस के एक नेता कांग्रेस का झंडा लेकर चलने लगे। गांधीजी ने उन्हें रोककर कहा, ''यह हरिजन–यात्रा है। इसमें कोई दूसरा झंडा हमारे साथ चलना चाहिए।''

यात्रा में साथ चल रहे वियोगी हरि, एन.आर. मलकानी आदि लोग कुछ कहें, उससे पहले ही गांधीजी ने कहा, ''यह सारा आंदोलन बाहरी और भीतरी सफाई का आंदोलन है। इसलिए तुम दोनों एक–एक झाड़ू ले लो। वही हमारा झंडा भी होगी और स्वच्छता की प्रतीक भी।''

फौरन गांधीजी के आदेश का पालन किया गया और वियोगी हरि तथा एन.आर. मलकानी एक–एक झाड़ू लेकर आगे चलने लगे।

□

10

स्वच्छता को आदत बनाना जरूरी

''इसलाम का मानना है कि आंतरिक और बाहरी स्वच्छता मनुष्यों का सबसे बड़ा लक्ष्य होना चाहिए।''

महात्मा गांधी का कहना है कि स्वस्थ जीवन जीने के लिए स्वच्छता का विशेष महत्त्व है। स्वच्छता अपनाने से व्यक्ति रोगमुक्त रहता है और एक स्वस्थ राष्ट्रनिर्माण में अपना महत्त्वपूर्ण योगदान देता है। अत: हर व्यक्ति को जीवन में स्वच्छता अपनानी चाहिए और अन्य लोगों को भी इसके लिए प्रेरित करना चाहिए। लोगों व बच्चों को खुले में शौच नहीं जाना चाहिए, क्योंकि इससे अनेक बीमारियाँ, जैसे—हैजा, पेचिस, पोलियो, टाइफाइड जैसी घातक बीमारियाँ फैलती हैं। खाने से पहले हाथों को साबुन से धोने जैसी छोटी-छोटी बातों को ध्यान में रखकर व्यक्ति स्वस्थ रह सकता है। व्यक्तिगत व सामुदायिक स्तरों पर रोगमुक्त रहने के लिए उचित स्वच्छता बहुत जरूरी है। भारत में, विशेषकर गरीबों व ग्रामीणों में, स्वच्छता की उचित सुविधाएँ न होने के कारण बहुत से रोग होते हैं। लोगों को उचित स्वच्छता सुविधाएँ उपलब्ध कराकर इन रोगों की रोकथाम की जा सकती है तथा कइयों को मरने से बचाया जा सकता है। स्वच्छता के लिए नीचे दिए गए सुझावों का अनुसरण करके एक स्वस्थ वातावरण सुनिश्चित किया जा सकता है—

शौचालयों का पर्याप्त उपयोग करें तथा मल-मूत्र के उचित प्रबंधन व

निपटान पर पर्याप्त ध्यान दें।

भोजन करने से पहले व बाद में तथा शौचालय का प्रयोग करने के बाद सदैव अपने हाथ धोएँ।

कभी भी लंबी समयावधि के लिए खुले बरतनों में पानी इकट्ठा न करें। जल से बरतनों को धोना चाहिए और यदि संभव हो सके तो नियमित अंतराल पर रोगाणुओं से मुक्त किए जाने चाहिए।

भोजन को सदैव दूषित जल एवं भूमि के संपर्क से बचाकर सुरक्षित रखना चाहिए। मांस व दूध उत्पादनों को सुरक्षित रखने के लिए, विशेषकर जहाँ कोल्ड स्टोरेज की सुविधा नहीं हो, विशेष सावधानी बरतने की जरूरत होती है।

कुछ खाद्य पदार्थों, जैसे—बिना बोतलवाले पेय पदार्थ, आइस क्यूब्स, बिना पैक किया हुआ दूध, क्रीम और आइसक्रीम, ठंडा अथवा अधपका मांस, मछली व अंडों के व्यंजनों से परहेज करें।

स्वच्छता क्यों और कैसे ?

स्वच्छता के विषय में देश में कुछ लोगों ने ही ध्यान दिया है, पर आमजन अभी इस बारे में ज्यादा सचेत नहीं हैं। यदि आपका शरीर साफ-सुथरा व स्वस्थ है तो उसमें निश्चित रूप से निर्मल व पवित्र विचार रहेंगे और इस प्रकार आपकी आत्मा भी विशुद्ध होती जाएगी। स्वच्छता जीवन का वह गुण है, जो व्यक्ति को अधिक समय तक जीवित रहने, सुखी रहने तथा सर्वोत्तम प्रकार से सेवा करने योग्य बनाता है।

भगवान् के प्रेम के बाद महत्त्व की दृष्टि से दूसरा स्थान स्वच्छता के प्रेम का ही है। जिस तरह हमारा मन मलिन हो तो हम भगवान् का प्रेम नहीं पा सकते, उसी तरह हमारा शरीर मलिन हो तो भी हम उसका आशीर्वाद नहीं पा सकते। और यदि शहर अस्वच्छ हो तो शरीर स्वच्छ नहीं रहेगा।

अगर मैले का ठीक-ठाक उपयोग किया जाए, तो हमें लाखों रुपयों की कीमत की खाद मिले और साथ ही कितनी ही बीमारियों से मुक्ति मिल जाए। अपनी गंदी आदतों से हम अपनी पवित्र नदियों के किनारे बिगाड़ते हैं और

मक्खियों की पैदाइश के लिए बढ़िया जमीन तैयार करते हैं। परिणाम यह होता है कि हमारी दंडनीय लापरवाही के कारण जो मक्खियाँ खुले मैले पर बैठती हैं, वे ही हमारे नहाने के बाद हमारे शरीर पर बैठती हैं और उसे गंदा बनाती हैं। जहाँ-तहाँ शौच के लिए बैठ जाना, नाक साफ करना या सड़क पर थूकना ईश्वर और मानव जाति के खिलाफ अपराध है। जो आदमी अपनी गंदगी को ढकता नहीं है, वह सजा का पात्र है, फिर चाहे वह जंगल में ही क्यों न रहता हो।

शारीरिक स्वच्छता

शारीरिक स्वच्छता के विषय में देश में कुछ लोगों ने तो ठीक तौर से ध्यान दिया है, पर साधारण जनता में इस विषय में अभी बहुत काम करना है। रोज नहाना स्वच्छता और साथ ही आरोग्य के लिए आवश्यक है। नहाने का मतलब सिर्फ बदन गीला कर लेना नहीं है। बहुतेरे नित्य नहानेवाले इससे आगे नहीं बढ़ते। नहाने के माने है शरीर का मैल साफ करके त्वचा के छिद्रों को खोल देना। अतः नहाने का पानी पीने के पानी जितना ही साफ होना चाहिए। ऐसा पानी काफी मात्रा में रोज न मिल सके, तो गंदे पानी में नहाने की बनिस्बत साफ पानी में कपड़ा भिगोकर उससे शरीर को रगड़कर पोंछ डालना कहीं अच्छा है। हमारे देश के गाँवों में ही नहीं, बड़े-बड़े कस्बों में भी लोग जिस पानी से नहाते हैं, उसे नहाने लायक नहीं कह सकते।

आँख, नाक, कान, दाँत, नाखून, बगलें तथा वे अंग जिनसे मैल निकलता है अथवा जिनमें मैल भरा रहता है, उनकी सफाई की तरफ सभी लोगों में—खासकर बच्चों के बारे में—बहुत लापरवाही रखी जाती है। छोटे बच्चों में आमतौर पर होनेवाली आँख की बीमारियाँ, रोज आँख और नाक को साफ पानी और साफ कपड़े से साफ न करने का नतीजा है। इस विषय में सफाई के लिए मुनासिब आदतें सिखाने और गंदगी से घृणा करना सिखाने की ओर बहुत कम ध्यान दिया जाता है। अतः ग्राम-सेवकों और शिक्षकों को इस विषय पर बहुत बारीकी से ध्यान देना चाहिए।

कपड़ों की सफाई

कपड़ों की सफाई भी शारीरिक स्वच्छता का ही भाग है। कपड़ों की गंदगी का कारण केवल दरिद्रता कही जा सकती। बहुतेरी गंदगी तो अच्छी आदतें न पड़ी होने से और आलस्य के कारण रहती हैं।

चकती लगे कपड़ों से हमारी दरिद्रता प्रकट होती है, तो इससे हमें शरमिंदा होने की जरूरत नहीं। शूरवीर के लिए जैसे घाव भूषण रूप होता है, वैसे ही गरीब के लिए पैबंद भी भूषण समझा जाता है। पर कपड़ों को फटा और गंदा रखकर मनुष्य अपनी गरीबी का नहीं बल्कि अपने फूहड़पन और आलस्य का विज्ञापन करता है, यह जरूर शरमिंदा होने लायक बात है।

साफ कपड़े दूध की तरह सफेद होने चाहिए, ऐसी बात नहीं है। मेहनत-मजदूरी करनेवाले गरीब लोग सफेद दूध जैसे कपड़े रखने के लिए पर्याप्त पानी नहीं पा सकते। पर साफ पानी से उन्हें बार-बार धोना, बीच-बीच में साबुन या खार आदि से धो लेना और गरम पानी में डालकर जीवाणुरहित कर लेना आवश्यक है।

बदन पर पहने हुए कपड़ों से ही नाक, हाथ वगैरह पोंछना और उनमें रोटियाँ या खाने की दूसरी चीजें बाँध लेना बड़ी गंदी आदत है। जिनके पास बदन पर के कपड़ों के सिवा दूसरा कपड़ा ही नहीं है, उन्हें छोड़कर औरों को तो इसके लिए पुराने कपड़ों में से छोटा सा रूमाल बनाकर उसका उपयोग करना चाहिए। इसमें कुछ खर्च नहीं लगता और स्वच्छता की रक्षा होती है। इसे साफ रखना बहुत आसान है।

साफ-सुथरी आदतें

शारीरिक स्वच्छता के सिवा और भी साफ-सुथरी आदतें डालने की जरूरत है। इनके अभाव में हम उन लोगों के दिलों में नफरत पैदा करते हैं, जिनकी आदतें सुथरी हैं। हमारी आँखों को ऐसा अभ्यास होना चाहिए कि वे गंदगी को देखकर खामोश न रह सकें। इसका अर्थ यह नहीं है कि गंदगी को देखकर हम वहाँ से खिसक जाएँ, बल्कि फौरन उस गंदगी को दूर करने का उपाय करें।

सुथरी आदतोंवाला आदमी कभी बैठने की जगह को साफ किए बिना न

बैठेगा और जब उठेगा, तब भी उसे साफ कर देगा। वह हर जगह कागज के टुकड़े या दूसरा कूड़ा-करकट न फेंकेगा। जहाँ-तहाँ थूकेगा नहीं। दातुन, बीड़ी के ठूँठ, जली हुई दीया-सलाइयाँ जहाँ-तहाँ नहीं फेंकेगा। बल्कि इन सबके लिए खास टोकरी या दूसरा बरतन रखकर उसी में फेंकेगा। साफ-सुथरी आदतें अपनाने के लिए निम्नलिखित नियमों का पालन करना चाहिए—

पानी लिए बिना शौच नहीं

शौच से आकर हाथ-पाँव को मलकर धोना चाहिए और शौच का लोटा खास उसी के लिए न हो तो अच्छी तरह मलकर माँजना चाहिए।

पानी के मटके में डुबोने को अलग बरतन रखना चाहिए। जूठा बरतन तो उसमें कदापि नहीं डालना चाहिए। मटके के पास इस तरह खड़े रहकर पानी नहीं पीना चाहिए कि पानी के छींटे मटके पर पड़ें।

जहाँ बहुत से लोगों के लिए पीने का एक ही बरतन हो, वहाँ प्याले या गिलास को मुँह से लगाकर पानी पीना अनुचित है। ऊपर से पीने की आदत डालनी चाहिए और जो इस तरह न पी सकें, उन्हें अपना बरतन अलग रखना चाहिए या चुल्लू या अंजली से पीना चाहिए।

जहाँ भोजन किया हो, वहाँ यदि खाने की चीजें बिखरी हों, तो उन्हें उठाकर उस जगह को, घर के अंदर हो तो धोकर और खुले में हो तो अच्छी तरह बुहारकर साफ कर देना चाहिए। ऐसा होने के पहले उस जगह में घूमना-फिरना, जूठन चिपके पाँवों से साफ जगहों और कमरे में आना-जाना तथा उस जगह दूसरों को भोजन कराना अनुचित है। इसके सिवा ऐसा स्थान मक्खियों और बीमारियों को न्योता देने के समान है।

भोजन साधारणतः कलछी या चमचे से ही परोसना चाहिए। साग, दाल या भात जैसी चीजें हाथ से नहीं परोसनी चाहिए। इससे भी ज्यादा खराब है जूठे हाथों से परोसना। रोटी अथवा पूरी जैसी सूखी चीजें भी जूठे हाथ से नहीं देनी चाहिए।

परोसने का बरतन खानेवाले की थाली या कटोरी से छुआकर परोसना अस्वच्छता है और छू जाने के डर से परोसने के बजाय थाली में दूर से फेंकना

या बिखेरना असभ्यता है।

गंदे पाँव अपने बिछौने पर भी नहीं रखने चाहिए। अनेक लोग जहाँ साथ सोए हों, वहाँ चलने-फिरनेवाले को किसी का बिछौना रौंदना नहीं चाहिए।

काम से आकर अथवा लघुशंका करके हाथ धोए बिना खाने की चीज को नहीं छूना चाहिए, न पीने के पानी के मटके में हाथ डालना चाहिए। पान, तंबाकू, बीड़ी आदि के व्यसनवालों को इस विषय में खास एहतियात रखनी चाहिए। कितनों के शरीर में बराबर खुजली होती रहती है। कितनों को बार-बार नाक साफ करनी पड़ती है। ऐसे आदमियों को भी हाथ धोकर ही खाने-पीने की चीजें छूनी चाहिए।

जिस डोल या बालटी में कपड़े धोए हों, उसे माँजे और उसकी चिकनाई दूर किए बिना उसे कुएँ में नहीं डालना चाहिए और न पीने-पकाने का पानी उसमें भरना चाहिए।

मूत्र, कुल्ली करने, थूक वगैरह के लिए मोरियों का उपयोग करने का रिवाज बहुत ही गंदा है और बहुत अच्छा हो कि ऐसी मोरियाँ घर में रखी ही न जाएँ। इसके लिए खास बरतन काम में लाना और उन्हें दूर ले जाकर साफ करना अच्छा है। जिन गाँवों में गंदे पानी के निकास के लिए अच्छी नहर (गटर) की व्यवस्था नहीं है, वहाँ मोरियों से काम नहीं लेना चाहिए। तथापि जहाँ मोरियों से ही काम लेना पड़े, वहाँ नाली में मूत्र करने के लिए बैठनेवाले को चाहिए कि नजदीक कोई बरतन आदि पड़ा हो, तो उसे इतनी दूर रख दे, जिससे उस पर छींटे न पड़ने पाएँ। इसके सिवा इस तरह हाथ धोना या कुल्ला नहीं करना चाहिए, जिससे उस पर छींटे पड़ें।

मुँह से भद्दी गालियाँ निकालने की आदत भी एक प्रकार की अस्वच्छता ही है। जिस जीभ से परमात्मा का नाम लिया जाता है, उसी जीभ से गंदी गालियाँ निकालना नहाकर धूल पर लोटने से भी ज्यादा गंदा काम है, क्योंकि इससे जीभ के साथ-साथ मन भी अपवित्र होता है।

बाहरी स्वच्छता

गांधीजी के अनुसार, ''शारीरिक स्वच्छता के विषय में शायद धनिक

वर्गों को प्रमाण-पत्र दिया जा सके, पर घर, आँगन, गली वगैरह की सफाई के बारे में नहीं दिया जा सकता। हाँ, दलित जातियाँ अलबत्ता इस बारे में थोड़ी-बहुत जागरूक कही जा सकती हैं। पर सभी को इस विषय में अपने जीवन में सुधार करने की आवश्यकता है।''

जहाँ-तहाँ थूकने, मल-मूत्र त्याग करने, कूड़ा फेंकने और उसे इकट्ठा होने देने की आदत देश के गाँव, शहर, तीर्थक्षेत्र, रास्ते, नदी, तालाब, धर्मशाला, स्टेशन, रेल, जहाज वगैरह को कलंकित कर डालती है।

इस आदत की जड़ में अस्पृश्यता समाई हुई है। आदमी जहाँ रहेगा, वहाँ गंदगी के निमित्त तो पैदा होंगे ही। पर देश के उच्च वर्गों ने खुद गंदगी साफ करने के काम को हलका समझकर और उस परोपकारी काम के करनेवालों को हेय मानकर, जहाँ वे नहीं जा सकते, वहाँ से गंदगी को नियमित रीति से दूर करने के बदले इकट्ठी करने का रिवाज डाल रखा है और उनसे सहयोग न करके मत्थे इतना ज्यादा काम मढ़ दिया है, जो उनके किए हो नहीं सकता। परिणामस्वरूप देश में अनेक प्रकार के उपद्रवों को बसा रखा है और आम इस्तेमाल के स्थानों को ऐसा बना दिया है कि देखकर रोएँ खड़े हो जाएँ।

सड़क पर शौच पाप व अपराध

स्मरण रखें सार्वजनिक स्थानों में थूकना, मल-मूत्र त्याग करना और कूड़ा फेंकना पाप है। इसे अपराध मानना चाहिए। सड़क पर शौच की आदत तो हरगिज नहीं होनी चाहिए। खुली जगह में शौच करना, बल्कि बच्चों तक को कराना असभ्यता है। इसलिए प्रत्येक गाँव में सस्ते-से-सस्ते शौचालय बनवाने चाहिए और उन्हें नियमित रूप से रोज साफ करना चाहिए। मनुष्य के मल-मूत्र की भाँति ही पशुओं के गोबर और मूत्र का भी खाद के रूप में ही उपयोग करना चाहिए।

पान, तंबाकू वगैरह की आदत न हो तो नीरोग मनुष्य को दातुन के सिवा दूसरे वक्त में थूकने की जरूरत नहीं होती। दाँत, नाक या फेफड़ों के रोगी को बार-बार थूकना या छींकना पड़ता है। इससे जाहिर होता है कि पान-तंबाकू आदि की आदत डालने के माने है, नीरोगी होते हुए भी रोगी को मिलनेवाला

कष्ट भोगना। मनुष्य के थूक तथा बलगम में बहुत तरह के जहर होते हैं। ये जहर हवा में मिलकर तंदुरुस्त आदमी को भी छूत लगा देते हैं। अतः थूक, बलगम आदि को नष्ट करने की व्यवस्था करनी चाहिए।

जलाशय की स्वच्छता

तालाब, कुएँ और नदी का पानी साफ रहे, इस ओर ग्राम-पंचायतों और ग्राम-सेवकों को ध्यान देना चाहिए। जलाशयों की वर्तमान स्थिति बहुत शोचनीय है। तालाब में ही बरतन साफ किए जाते हैं, नहाया और कपड़ा धोया जाता है, मवेशी भी उसी में पानी पीते हैं, नहाते हैं और पड़े भी रहते हैं। बच्चे और बड़े तक उसके पास की जमीन पर मल-त्याग करते हैं, यही पानी पीने और खाना पकाने के काम में लाया जाता है। यह सब कलंक माना जाना और बंद होना चाहिए।

गाँव के तालाब के चारों ओर बाँध बना देना चाहिए, जिससे मवेशी उसमें न जा सकें और उसके नजदीक लंबी हौज पशुओं के पानी पीने के लिए बनानी चाहिए। इसी प्रकार कपड़े धोने के लिए तालाब के पास एक टंकी होनी चाहिए और उस पर ऐसी पक्की जगह बना देनी चाहिए, जिससे उसका पानी फिर तालाब में न पहुँचकर दूर निकल जाए।

इस हौज तथा टंकी को गाँव के लोग अगर हाथो-हाथ रोज भर दिया करें तो उत्तम है, वरना थोड़े खर्च से उनके भरने की व्यवस्था करनी चाहिए। जूठे बरतन तालाब या कुएँ में नहीं धोने चाहिए, बल्कि बाहर की टंकी में माँज-धोकर ही जलाशय में उन्हें डुबोना चाहिए। पानी भरनेवाले को अपने पाँव पानी में न डुबोने पड़ें, ऐसी सुविधा तालाब में होनी चाहिए।

जिस गाँव में एक ही तालाब हो, वहाँ तालाब के अंदर नहाना नहीं चाहिए। जहाँ अधिक तालाब हों, वहाँ पीने के पानी का तालाब अलग रखना चाहिए। कुओं से समय-समय पर मिट्टी निकलवाकर साफ रखना चाहिए। उसके चारों ओर मुंडेर होनी चाहिए और कीचड़ न होने देनी चाहिए। इसके लिए उसकी जगह पक्की बनानी चाहिए और पानी रिसकर कुएँ में वापस न जाए, इसके लिए गिरनेवाले पानी को निकालने का इंतजाम होना चाहिए।

इस तरह पानी को दूर ले जाने के लिए घर, कुएँ आदि के समान बनी हुई नालियों में काई और घास-पात जम जाता है। उनमें से बदबू निकलती है और मच्छरों को बढ़ने की जगह मिलती है। अत: इन नालियों की सफाई पर निरंतर ध्यान दिया जाना चाहिए। उन्हें रोज कूँचे से रगड़कर साफ कर देना चाहिए।

स्वास्थ्यप्रद स्थितियाँ—कुछ तथ्य

अगर स्वास्थ्यप्रद स्थितियाँ या बेहतर स्वस्थ माहौल की बात की जाए तो इसमें निजी साफ-सफाई से लेकर आस-पास का साफ-सुथरा माहौल भी शामिल होता है। यूँ भी पानी से जुड़ी बीमारियों या प्रदूषित पानी, खराब स्वास्थ्य और गरीबी का एक खास दायरा गंदे पानी और साफ-सफाई की खराब स्थितियों की वजह से सामने आता है।

साफ-सफाई का ध्यान न रखने से पानी प्रदूषित होता है। प्रदूषित पानी यानी जिसमें गंदगी की वजह से सूक्ष्म जीव पैदा होने लगते हैं।

बीमारियों और खराब स्वास्थ्य का सीधा संबंध गंदे पानी, सफाई का अभाव और अस्वस्थकर स्थितियों से है। गंदे पानी और गंदगी से डायरिया, टाइफाइड, पाराटाइफाइड, बुखार, हेपेटाइटिस, फ्लूरोसिस, आर्सेनिक जनित जैसी बीमारियाँ होती हैं। कुछ दूसरी बीमारियाँ हैं—लेजिनोलिसिस, मेंथमोग्लोबीनेमिया, सिंटोसोमिएसिस, आँत का संक्रमण, डेंगू, मलेरिया, जापानी इंसेफलाइटिस। वेस्टनील वायरस संक्रमण, येलो फीवर और इंपेटिगो यानी त्वचा से संबंधित बीमारी भी हो सकती है।

दुनिया भर में डायरिया से लाखों मौतें हो जाती हैं। ये मौतें गंदे पानी, खराब सफाई-व्यवस्था और दूषित पानी के कारण हो जाती हैं। डायरिया से मरनेवाले 90 फीसदी पाँच साल से कम के बच्चे होते हैं।

साफ और गैर-हानिकारक पानी की आपूर्ति, बेहतर सफाई और स्वस्थ माहौल डायरिया को 20 प्रतिशत तक घटा सकते हैं। बेहतर स्थिति से डायरिया से होनेवाली 50 प्रतिशत मौतें कम हो सकती हैं।

शौच-गृह के इस्तेमाल या बच्चों का मल-मूत्र साफ करने के बाद हाथ धोने और भोजन से पहले हाथों की अच्छी तरह सफाई डायरिया को 33

प्रतिशत कम कर देती है।

सफाई का अंतरराष्ट्रीय लक्ष्य पूरा करने के लिए हर साल 14 करोड़ लोगों को बेहतर सफाई–व्यवस्था मुहैया करानी होगी। सन् 1990 और सन् 2002 तक सिर्फ साढ़े आठ करोड़ लोगों को ही बेहतर सफाई–व्यवस्था मुहैया थी। सरकारों और अंतरराष्ट्रीय समुदाय के सामने यह एक बड़ी चुनौती है।

□

11

बिना स्वच्छता सेहतमंद समाज नहीं

''स्वच्छता केवल सफाई कर्मचारियों और सरकार की जिम्मेदारी नहीं है, बल्कि यह देश के हर नागरिक का दायित्व है। हर नागरिक को चाहिए कि वह न खुद गंदगी करे और न किसी को गंदगी करने दे।''

विश्व स्वास्थ्य संगठन और यूनिसेफ की ताजा रिपोर्ट बताती है कि दुनिया सहस्राब्दी के विकास के लक्ष्यों से, जिसमें स्वच्छता को भी वरीयता दी गई है, अब भी काफी दूर खड़ी है। बताया जाता है कि तमाम देश, जिनमें भारत भी शामिल है, स्वच्छता (सैनिटेशन) के संकट का सामना कर रहे हैं। स्वच्छता की कमी तमाम तरह की बीमारियों को जन्म देती है।

धरती के 30 देशों की 20 प्रतिशत आबादी को पानी के संकट से गुजरना पड़ता है। यह बात भी सामने आई है कि सन् 1950 की तुलना में आज एशिया के लोगों को 15 से 30 फीसदी पानी उपलब्ध है।

गौरतलब है कि 5,000 बच्चे हर रोज जलजनित बीमारियों से मर जाते हैं। भारत इन समस्याओं में अग्रणी देशों में से एक है। हाल ही के एक सर्वेक्षण में पाया गया है कि भारत में 1,000 बच्चे प्रतिदिन डायरिया जैसी बीमारियों से मरते हैं। ये अध्ययन यह भी बताते हैं कि स्वच्छता के मामलों में थोड़ा सुधार किया जाए तो डायरिया जैसी बीमारी से मरनेवालों की संख्या में 25 फीसदी की कमी लाई जा सकती है। स्वच्छता का यह संकट कितना बड़ा है, इसका

अंदाजा इसी तथ्य से लगाया जा सकता है कि आज की तारीख में दुनिया में लगभग 120 करोड़ लोग खुले में शौच करते हैं और इनमें से 66 करोड़, 50 लाख लोग भारत में रहते हैं।

हमारे देश में साफ-सफाई की समस्या काफी गंभीर है। मुश्किल तो यह है कि लोग रोजाना इस समस्या को झेलते हैं, लेकिन इसके बारे में खुलकर बात नहीं करते। गाँवों में सीवर लाइन न होने के कारण शौचालय बनवाना महँगा तथा बार-बार फेल होनेवाली व्यवस्था साबित होती है। शहर में झुग्गियाँ तो शौचालयविहीन हैं ही, जो पुनर्वास कॉलोनी है, जिसे सरकार ने योजनाबद्ध ढंग से बसाया है, वहाँ भी सीवर लाइन नहीं है। इन कॉलोनियों में शौचालय के नाम पर चलते-फिरते शौचालय होते हैं या एक-दो सार्वजनिक शौचालय होते हैं, जिनकी हालत बेहद खराब होती है। फिर वहाँ भी लंबी कतार होने के कारण लोग खुले में शौच के लिए जाते हैं।

गांधीजी ने सौ साल पहले ही यह कह दिया था कि संपन्न इलाकों में भी साफ-सफाई के हालात संतोषप्रद नहीं हैं। लेकिन वहाँ उनकी खुद की खड़ी की हुई समस्या है। इन घरों में जानवर खासकर कुत्ते पालने का विशेष चलन है। इन पालतू जानवरों के मालिक उन्हें खुले में सड़क या फुटपाथ पर ही शौच कराते हैं और यह भी लोगों के स्वास्थ्य के लिए उतना ही हानिकारक होता है।

सफाई की प्रक्रिया

जिस प्रकार किसी उद्योग में प्रक्रियाओं के क्रमों को निर्धारित करना आवश्यक है, उसी प्रकार सफाई के कार्यक्रमों को कई हिस्सों में विभाजित करना आवश्यक है। गांधीजी ने स्वच्छता के प्रति अपना गहन दृष्टिकोण प्रस्तुत किया।

सफाई एक उद्योग यानी कारीगरी है और साथ ही कला भी। हर उद्योग और कला के लिए साधन इकट्ठा करना पड़ता है। कोई भी कारीगर या कलाकार काम करने के पहले अपने अनुकूल औजार देखता है। सोचता है कि जिनसे काम करना है, वे औजार बेकाम तो नहीं हैं। अगर ठीक नहीं होते हैं, तो वह उन्हें पहले तेज करता है तथा ठीक-ठाक कर अथवा धोकर काम लायक

बनाता है। फिर जब उसे संतोष हो जाता है कि उसका औजार काम करने लायक है, तब वह काम शुरू करता है। अतः सफाई करनेवालों के लिए औजार प्रथम महत्त्व की चीज है। यह ध्यान रखा जाए कि विभिन्न स्थानों और परिस्थितियों में विभिन्न प्रकार के औजार चुनना जरूरी होता है। हो सकता है कि किसी एक जगह कोई चीज अधिक उपलब्ध हो और दूसरी जगह दूसरी।

कहीं नारियल के झाड़ू, कहीं खजूर के और कहीं बाँस के मिलते हैं। अतः हर जगह अपने क्षेत्र का अध्ययन करके वहाँ की स्थिति के अनुसार साधन जुटाने की चेष्टा करनी चाहिए। मूल सिद्धांत यह है कि साधन स्थानीय परिस्थिति में सुलभ हो। जहाँ तक हो सके, वह स्थानीय रूप से उपयोग में आनेवाला हो। उसके उपयोग से कार्य की पूर्णता के साथ-साथ श्रम और खर्च की बचत होनी चाहिए।

उक्त सिद्धांत को सामने रखते हुए ही औजार आदि साधनों का प्रबंध करना चाहिए। औजार चुनने के बाद उसकी व्यवस्था का प्रश्न आता है। कई औजार ढंग से न रखने तथा इधर-उधर डाल देने से खराब हो जाते हैं। अतः जिस जगह औजार और साधन रखे जाएँ, उस जगह का साज-सरंजाम भी उसी ढंग का होना चाहिए, जिससे वे ठीक ढंग से रखे जा सकें।

औजार रखने के ढंग भी निश्चित होने चाहिए। जैसे झाड़ुओं को दीवार या और किसी स्थान पर अटकाकर या उसका निम्न भाग नीचे और सिरा ऊपर होना चाहिए, ताकि गिरकर टूटने का भय न हो। इस तरह सभी औजारों के रखने की जगह और विधि बैठा लेनी चाहिए। इसके अलावा उपयोग करते समय यह देख लेना चाहिए कि उसकी तैयारी ठीक है या नहीं। अगर न हो, तो ठीक करके ही उसका उपयोग करना चाहिए।

प्रायः देखा जाता है कि लोग जैसे-तैसे औजारों से सफाई करते हैं। फल यह होता है कि केवल सफाई का ही काम अधूरा नहीं रहता, बल्कि श्रम और संपत्ति भी बरबाद होती है। कमरे साफ करने के लिए नरम और भरे हुए झाड़ू की आवश्यकता है। सड़कें और मैदान साफ करने के लिए सख्त और छिछले झाड़ू की आवश्यकता है। उसी प्रकार गली-सफाई के लिए पतले, सख्त और गुठे हुए झाड़ू की आवश्यकता है। लेकिन लोग इन चीजों पर ध्यान नहीं देते।

अत: कमरे में झाड़ू देते समय धूल उड़कर साफ जगह जा बैठती है और कमरा फिर गंदा हो जाता है। सड़कें और मैदान नरम झाड़ू से साफ करने से झाड़ू भी खराब हो जाती है, साथ ही बहुत कूड़ा जहाँ-का-तहाँ ही रह जाता है। नालियों को मामूली झाड़ू से साफ करना तो आम बात है। नतीजा यह होता है कि ऊपर का पानी और गंदगी साफ हो जाने पर भी सतह की काई और कीचड़ पड़े ही रह जाते हैं। साफ करने में जो विशेष मेहनत लगती है, वह तो अलग से नुकसान की बात होती है।

औजार काम के लायक होने पर भी उसका ठीक से उपयोग न करने से हानि हो सकती है। प्राय: देखा जाता है कि झाड़ू घिसकर पतली हो जाती है, क्योंकि इस्तेमाल से पहले लोग उसे ठीक से बाँधते नहीं हैं। उसी तरह मैदान और सड़क पर झाड़ू देते समय खड़े होकर झाड़ू न देकर श्रम, शक्ति, समय और स्वास्थ्य का नुकसान करते हैं। हवा की विपरीत दिशा में चलकर सफाई करनेवाले प्राय: धूल और मिट्टी के शिकार होते हैं। इस तरह औजार के चुनाव, उसकी सजावट तथा व्यवस्था और प्रयोग करने के ढंग की ओर पूरा ध्यान न देने से काफी नुकसान उठाना पड़ता है। अत: सफाई करनेवालों को इन चीजों की ओर ध्यान देना चाहिए।

औजारों के अलावा दूसरे सामान भी महत्त्व के हैं। घर, द्वार, रसोईघर आदि लीपने के लिए गोबर, मिट्टी या दूसरे साधनों को किस अनुपात और किस परिमाण में प्रयोग करना है, इसका पूरा ज्ञान और ध्यान होना जरूरी है। अन्यथा सामान की बरबादी के साथ-साथ श्रम और समय का नुकसान होता है और सफाई का उद्देश्य भी पूरा नहीं हो पाता। अनुपात और परिमाण पर विचार करने के साथ-साथ मौसम आदि पर भी ध्यान न देने से नुकसान होता है।

उसी प्रकार बरतन साफ करने के लिए राख, मिट्टी, बालू आदि साधनों का परिमाण और अनुपात आदि ऐसा होना चाहिए, जिससे बरतनों की चिकनाहट तो दूर हो, लेकिन घिसाई कम हो। प्राय: यह देखा जाता है कि लोग इस दिशा में कुछ भी विचार नहीं करते और हानि उठाते हैं।

वस्तुत: आज भारत में सफाई की समस्या मल-मूत्र की समस्या है। सड़कों पर यदि आँख बंद करके चला जाए, तो दूर से आती हुई बदबू से यह

समझा जाता है कि कोई बस्ती आनेवाली है। यह हमारे लिए एक भीषण अभिशाप है।

आज शिक्षा और दूसरी रचनात्मक संस्थाओं को इसके औजार और साधन पर अधिक ध्यान देना होगा, नहीं तो सफाई का सारा आधार ही कमजोर हो जानेवाला है। हमें अपने चारों ओर सम्यक् दृष्टि रखनी होगी। चाहे हम घर में हों या बाहर, खेत या खलिहान में हों और चाहे मवेशियों के बाँधने की जगह पर, जब तक हम अपना दृष्टिकोण ठीक न रखेंगे, तब तक देश की प्रचुर धनराशि विनष्ट होती रहेगी और मुल्क गरीबी और बेबसी में पड़ा रहेगा।

सफाई के काम की योजना

प्राय: देखा जाता है कि लोग बिना सोचे-समझे एकाएक सफाई में लग जाते हैं। उनको यह पता नहीं रहता कि क्या और कहाँ तक सफाई की जाए। फल यह होता है कि लोग सफाई के लिए अपना समय नियत कर रखते हैं। वे इधर-उधर झाड़ू देने के सिवा विशेष कुछ नहीं कर पाते। शिविर, विद्यालय, बुनियादी-शाला आदि स्थानों में संयोजित सफाई न करने से सफाई को वैज्ञानिक रूप से चलाने में प्राय: सफलता नहीं मिलती। इसलिए आवश्यकता इस बात की है कि पूरी योजना बनाकर काम शुरू किया जाए।

यह योजना दैनिक, साप्ताहिक और पाक्षिक भी हो सकती है। यदि बीच में आकस्मिक सफाई की जरूरत पड़ती हो तो तत्संबंधी योजनाएँ जोड़ देनी चाहिए। साप्ताहिक या उससे भी लंबे अरसे की योजना को दैनिक कार्य के अनुपात से बाँटना चाहिए। साप्ताहिक या विशेष समय उस काम के लिए नियत करना चाहिए। ऐसा करने से ही राष्ट्रीय समय और श्रम को बचाकर संपत्ति की वृद्धि की जा सकती है। उदाहरण के लिए मान लिया जाए कि किसी विद्यालय में सफाई का काम चलता है। उसके लिए जो योजना बनाई जाएगी, उसकी एक रूपरेखा नीचे दी जाती है। सफाई के लिए विद्यालय के निम्नांकित विभाग हो सकते हैं—

छात्रावास की सफाई, कुएँ की सफाई, स्नानघर की सफाई, शौचालय की सफाई, रसोई-घर, बरतन आदि की सफाई, सड़क तथा आम मैदान आदि की सफाई।

छात्रावास की सफाई

छात्रावास के कमरों की सफाई व्यक्तिगत सफाई है। फिर भी कमरों की जमीन का कोना, छत-छप्पर आदि का स्थान सामूहिक सफाई में आता है। इसके अलावा इमारत के आगे-पीछे का भी स्थान है। अगर कच्चा मकान है तो भीतर-बाहर की टूटी-फूटी जगह की मरम्मत भी सामूहिक सफाई में रखी जा सकती है। इन सारे कामों में साधारण झाड़ू देने का काम ऐसा है कि उसे दैनिक कार्यक्रम में शुमार करना पड़ेगा। बाकी आगे-पीछे की झाड़ू, जंगल, मिट्टी, पत्थर, खपरैल आदि की सफाई साप्ताहिक योजना में आएगी। मकान के टूट-फूट की मरम्मत सप्ताह से अधिक दिन की है, लेकिन समय के अनुपात से सप्ताह भर का काम निश्चित कर लेना चाहिए। काम की योजना बन जाने के बाद जितने आदमी जिस सफाई के लिए निश्चित होंगे, उनके काम के बँटवारे की योजना भी बना लेनी चाहिए। इस तरह योजना बनाकर काम करने पर ही हमारा काम वैज्ञानिक होगा, वरना जगह की तो सफाई हो जाएगी, मगर सफाई करनेवाले की प्रकृति जैसी की तैसी रह जाएगी।

कुएँ की सफाई

कुएँ या जलस्रोत के पास पक्की नाली न होने के कारण पानी के निकास की सहज व्यवस्था नहीं हो पाती। कुएँ के पास कहीं-कहीं स्नानघर भी होता है। इन सबका पानी कच्ची नालियों से निकालना पड़ता है। कच्ची नाली से यदि पानी जोरों से निकल जाए तो ठीक है, लेकिन धीरे-धीरे निकलने से पानी आगे बढ़ने के बजाय नीचे जज्ब होता है, इसलिए नालियों की सड़ी मिट्टी निकालने की एक खास प्रक्रिया होती है। कितने दिन के अंतर से मिट्टी निकाली जाए, यह स्थानीय मिट्टी की बनावट पर निर्भर करता है। मिट्टी के स्वरूप के अलावा परिमाण और स्थान के ढाल पर भी निर्भर करता है। कभी-कभी कच्ची नालियों को सूखने का मौका देना पड़ता है, अतः यह भी तय करना होगा कि कितने दिन बाद एक नाली को छोड़कर दूसरी नाली से पानी ले जाने की व्यवस्था करनी पड़ेगी।

कभी-कभी आस-पास के खेतों की स्थिति देखते हुए साबुन तथा मामूली

पानी को अलग रास्ते से निकालने की व्यवस्था करनी पड़ती है। अगर पानी खेत और बाग में जाए या अगर उसे सोख्ता के अंदर ले जाना है, तो भिन्न किस्म की योजना बनानी पड़ेगी। इस तरह स्नानघर के फर्श या किसी दीवार की गंदगी या कोना, छप्पर आदि की सफाई-योजना अलग होती है। इन तमाम कामों में कुछ हिस्सा दैनिक करना होगा और कुछ साप्ताहिक तथा पाक्षिक और मासिक भी किया जा सकता है। जैसे नाली की दिशा बदलना, सोख्ता के रोड़े आदि साफ करना मासिक योजना में शामिल करना चाहिए।

स्नानघर की सफाई

स्नानघर की सफाई की योजना बनाते समय संस्थावासियों की गंदगी की आदत का खयाल भी करना होगा। प्रायः लोग स्नानघर में मल-मूत्र कर देते हैं। अतः इसके अंदर-बाहर की सफाई में दुर्गंध दूर करने की व्यवस्था होनी चाहिए। पक्की हौदी में फर्श तथा नाली की सफाई रोज होनी चाहिए। फर्श की सफाई के समय कोने के स्थान को प्रायः लोग भूल जाते हैं। फल यह होता है कि उन स्थानों में काई जम जाती है। अतः स्नानघर के लिए योजना बनाते समय मासिक सफाई का कार्यक्रम रखना जरूरी है।

शौचालय की सफाई

इसके संबंध में शुरू से ही योजना बनानी पड़ती है। स्थानीय परिस्थिति और साधन के अनुसार यह विचार करना होगा कि योजना कैसी बनाई जाए। वस्तुतः शौचालय की व्यवस्था ही सबसे महत्त्व की और सबसे अधिक विकास की है। अतः इस दिशा में खास ध्यान देना चाहिए। नागरिक जीवन तथा समाज-शास्त्र के अभ्यास के लिए यही एक खास महत्त्वपूर्ण माध्यम है। कृषि और अर्थशास्त्र के शिक्षण के माध्यम के रूप में तो इसका महत्त्व है ही।

रसोईघर की सफाई

जिस प्रकार कुएँ और स्नानाघर की सफाई की योजना बनाई गई है, उसी प्रकार रसोईघर और बरतन साफ करने के स्थान की सफाई की योजना बनानी

पड़ती है। फर्क इतना है कि नहाने में साबुन के जल और बरतन साफ करने के जल की व्यवस्था में अंतर होगा। इसके अलावा बरतन मलने के साधन, रसोईघर की लिपाई, साफ बरतनों का रखना, अनाज-सफाई, कोठार की सफाई आदि कई काम होते हैं। अतः इस मद की योजना बनाने में शिक्षकों को काफी मनोविज्ञान से काम लेना होगा। प्रायः देखा जाता है कि इस काम में ज्यादा असंतोष और मनोमालिन्य पैदा होता है, अतः इस दिशा में बड़ी सतर्कता और मानसिक वृत्तियों का ध्यान रखना होगा।

विभिन्न वर्गों की सफाई

इसके अंतर्गत कमरों, आसन, श्यामपट्ट, शिक्षक के बैठने की जगह की सफाई, वर्ग लगाने का काम आदि आता है। विभिन्न प्रकार के विषय और उनके साधनों की समुचित तथा सुविधाजनक व्यवस्था, सांस्कृतिक साज व्यवस्थित करना, इन सबको ध्यान में रखकर ही योजना बनाना अत्युत्तम होगा।

मैदान, सड़क आदि की सफाई

यह कार्यक्रम प्रायः दैनिक योजना में नहीं आता। इसका साप्ताहिक और मासिक विभाजन करना चाहिए। इस मद में कूड़ा-करकट, घास, जंगल, पत्तियाँ आदि कई प्रकार की सफाई होती है। इसके अलावा ऊँच-नीच ठीक करना, सड़क-मेड़ आदि दुरुस्त करना तथा सजावट आदि कई प्रकार का काम होता है।

उपर्युक्त उदाहरण से यह स्पष्ट हो गया होगा कि प्रत्येक काम योजनाबद्ध होना चाहिए। प्रत्येक योजना में नई तालीम के अनुसार आकलन करने और जाँचने का सिद्धांत लागू करना चाहिए। काम पूर्ण तभी हो सकता है, जब किसी काम में ये तीनों सिद्धांत पूरे होते हैं। अन्यथा काम तो कुछ हो भी सकता है, किंतु काम करनेवाला अपने स्थान पर स्थित रहता है, उसकी प्रगति नहीं होती, क्योंकि इसके बिना सारा काम अचेतन और यंत्रवत् होता है।

□

12

कूड़े-कचरे का सदुपयोग

''जहाँ तक साफ-स्वच्छता की बात है, उसकी शुरुआत स्वयं से ही करनी चाहिए। दूसरों से यह अपेक्षा करना कि वह करेगा, तब मैं भी करूँगा, यह गलत मानसिकता है।''

गांधीजी तुच्छ-से-तुच्छ वस्तु को भी उपयोगी बना लेने के पक्षधर थे। छोटी सी पेंसिल भी गुम हो जाती थी तो वे चिंतित हो उठते थे। साफ-सफाई से निकलनेवाले माल को भी उपयोगी कच्चा माल मानते थे और उसके उचित प्रयोग को बढ़ावा देते थे।

वे कहते थे कि सफाई का कूड़ा सफाई-उद्योग का कच्चा माल है। इसे सावधानी से इकट्ठा करना चाहिए। इस दिशा में सभी संस्थाओं और परिवारों में लापरवाही बरती जाती है। इस लापरवाही के कारण देश को करोड़ों रुपए की हानि होती है। देश के प्रत्येक वर्ग, जाति और समाज का कहना है कि भारत सबसे गरीब मुल्क है। लेकिन यदि गौर से देखा जाए तो मालूम होगा कि मुल्क आर्थिक दृष्टि से चाहे कितना ही गरीब हो, मगर यहाँ के निवासियों की प्रवृत्ति में अमीरी कूट-कूटकर भरी है। समय, श्रम और साधन को लापरवाही से बरबाद करते हुए जितने लोग यहाँ पाए जाते हैं, उतने किसी भी देश में नहीं। यही कारण है कि हमारा मुल्क गरीब है।

गांधीजी ने कहा था कि लक्ष्मी का अनादर करनेवाला कभी संपत्तिशाली

नहीं हो सकता। अतः हर मनुष्य और संस्था को चाहिए कि वह सफाई से निकले कूड़े को समय और श्रमपूर्वक संपत्ति का साधन बनाए।

प्रायः लोग झाड़ू देकर कूड़े-कचरे को यत्र-तत्र फेंक देते हैं। कमरे में झाड़ू देकर दरवाजे के सामने कूड़ा इकट्ठा कर ऊपर का मोटा-मोटा हिस्सा दरवाजे के बाहर गिराते हैं, फिर बारीक धूल को उसी जगह दोनों तरफ फैलाते हैं। बाकी कचरा भी झाड़ू से बरामदे में कचरे के साथ उसी बरामदे के नीचे फैला देते हैं, यह आम रिवाज है। इस प्रकार लापरवाही करते हिचक तो होती नहीं, बल्कि इस दिशा में गंभीरता से चर्चा करनेवाली की हँसी की जाती है।

कूड़े को यदि संपत्तिरूप में परिणत करना है, तो कचरे को एक जगह इस प्रकार इकट्ठा करना चाहिए, जिससे उसकी छँटाई करने में सहूलियत हो। धूल, मिट्टी, घास-फूस, सभी को एक जगह न बटोरकर सफाई के समय ही सामान्य वर्गीकरण कर देना चाहिए। ऐसा करने से बाद में होनेवाले श्रम और समय की बचत होगी। कूड़ा इकट्ठा करने के लिए विभिन्न प्रकार की चीजों के लिए विभिन्न प्रकार का स्थान भी निश्चित होना चाहिए। ईंट-पत्थर रखने की जगह, मवेशियों के खिलाने लायक घास का स्थान, खाद बनाने लायक कचरे का गड्ढा, कागज, रूई, सूत आदि के टुकड़े रखने का स्थान, जूठन रखने और कूड़ा बटोरने का स्थान आदि भी विभिन्न प्रकार का होता है। शिक्षक को खयाल रखना चाहिए कि इन चीजों की समुचित रक्षा हो, क्योंकि इस प्रकार वैज्ञानिक ढंग से कूड़ा-कचरा इकट्ठा करने से ही उन्हें सरलता से काम में लाया जा सकता है।

कच्चे माल की छँटाई और उपयोग

कूड़े में दो प्रकार का माल होता है, पहला वह जो अपनी मूल हालत में ही प्रयोग किया जाता है। दूसरा वह, जिसे उपयोग में लेने लायक बनाया जाता है। ईंट, पत्थर, लकड़ी के टुकड़े आदि पहले और कागज, रूई, कपड़े के टुकड़े आदि दूसरे प्रकार के सामान हैं। कूड़े को सही तरीके से बटोरने के बाद उसका उचित काम के लिए चुनाव करना चाहिए। उनमें से जिन्हें मूल रूप में प्रयोग करना है, उसे पूर्व निश्चित स्थान में पहुँचा देना चाहिए। बाकी को निर्दिष्ट

स्थान पर एकत्र करके, अगर उसके लायक संस्था या परिवार में काम चलता हो, तो उसे संबंधित विभागों में पहुँचा देना चाहिए। खाद बनानेवाली चीजों के अलावा शेष चीजों को उपयोगी स्थान पर ले जाकर बेच देना चाहिए। खाद बनाने का काम तो स्वयं परिवार में करना होगा। खाद बनानेवाली चीजों में भी विभाग करना होगा। जल्दी और देर में गलनेवाली चीजों को अलग-अलग रखना होगा। वस्तुतः माल की छँटाई का काम बड़े महत्त्व का है, क्योंकि इस प्रक्रिया के माध्यम से गणित, अर्थशास्त्र, कृषि-विज्ञान, भू-तत्त्व, कीटाणु-तत्त्व आदि के ज्ञान का विकास होता है। खास तौर से गणित और अर्थशास्त्र का बहुत बड़ा भाग इस छँटाई में शामिल है।

पक्का माल बनाने की प्रक्रिया

कूड़े को संपत्ति बनाने की प्रक्रिया बहुत दिलचस्प है। उसके द्वारा कई ग्रामोद्योगों की शिक्षा मिलती है। कागज को किस प्रकार गलाकर खिलौने बनाए जाते हैं, कपड़े के चिथड़े से दरी, बटन आदि, रस्सी के टुकड़ों से छोटी-छोटी जाली, सिकहर-छींका आदि बनाए जाते हैं, छीजन से तकिए भरने का काम होता है। इन बातों की जानकारी से गृह-उद्योग का प्रचुर ज्ञान हो सकता है। इसी प्रकार मल-मूत्र आदि की खाद कैसे बनती है? खाद बनाने में जंगल-झाड़ आदि का उपयोग कैसे होगा? उनमें रासायनिक प्रक्रिया, जीवाणु-प्रगति कैसे होती है? इत्यादि बातों की वैज्ञानिक जानकारी होती है। इसलिए पक्के माल की प्रक्रिया का औद्योगिक दृष्टि से पूर्णरूपेण विकास करना होगा। इस दिशा में प्रयोग की बड़ी गुंजाइश है। शिक्षण-संस्थाओं को इस ओर बारीकी से ध्यान देना चाहिए, ताकि प्रत्येक प्रक्रिया पर स्वतंत्र प्रयोग होकर उसका संपूर्ण शास्त्र बन सके।

प्रक्रियाओं का लेखा तैयार करना

ऊपर बताई गई प्रक्रियाओं के साथ सफाई का दैनिक साप्ताहिक तथा मासिक लेखा तैयार करना चाहिए। लेखे में औजार की हालत तथा दुरुस्ती का समय, विविध कूड़े का परिचय और तादाद तथा उसकी उपयोगिता का ब्योरा

बताना चाहिए, सफाई के साथ लेखे के अलावा सफाई द्वारा प्राप्त संपत्ति का ब्योरेवार लेखा तैयार करना चाहिए। इस तरह श्रम और समय के हिसाब से आमदनी और खर्च का हिसाब भी रखना आवश्यक है। वस्तुतः लेखे का दायरा बहुत विस्तृत है। हर प्रकार की सफाई का लेखा रखने पर इस चीज का भी हिसाब रखना आसान हो जाएगा कि सफाई के नतीजे से बीमारी तथा मृत्यु-संख्या पर क्या असर पड़ा। हम सफाई-विज्ञान से विविध विषयों का ज्ञान प्राप्त कर सकते हैं। लेकिन अगर लेखा ठीक-ठाक और ब्योरेवार न रखा जाए तो हर वस्तु का ज्ञान आनुमानिक होने के कारण अधूरा रह जाएगा। इससे कुछ धूमिल धारणा भले ही बन जाए, लेकिन शास्त्र नहीं बन पाएगा। काम करनेवालों के लिए जितना भी अधिक ब्योरे से इसका लेखा लिखा जाएगा, उतना ही इस शास्त्र का अधिक विकास हो सकेगा।

काम की जाँच

हर उद्योग को तीन हिस्सों में बाँटा जा सकता है—आँकना, करना और जाँचना। इनमें आँकने और करने के बारे में सामान्य चर्चा ऊपर आ गई है। आखिरी बात जाँचने की होती है और इसी जाँचने की प्रक्रिया में विषयों का ज्ञान प्राप्त करने की कुंजी छिपी है।

काम करने के बाद हम इस बात की जाँच करते हैं कि हमने उसमें कितना समय और श्रम लगाया है, कच्चे माल से पक्का माल बनाने तक का क्या रूपांतर हुआ और इन रूपांतरों के क्या कारण हैं—इन सभी बातों को भली-भाँति जाँचना चाहिए और फिर बाद में देखना चाहिए कि सारे काम के नतीजे से व्यक्ति और समाज को कितना आर्थिक, सांस्कृतिक, सामाजिक, नैतिक, राजनीतिक और स्वास्थ्य संबंधी लाभ हुआ। ये लाभ क्यों और कैसे हुए, इसकी भी जाँच करनी होगी। फिर कुछ बातों में हानि भी होती है, उसे ठीक-ठीक देखना होगा। इस प्रकार जब हम हर पहलू से काम के नतीजों को जाँचेंगे, तब हमारा ज्ञान-भंडार हर दृष्टि से पूर्ण होगा। हम इस जाँच के काम को जितनी ही बारीकी से करेंगे, उतनी ही विशुद्ध ज्ञान की वृद्धि होगी।

□

13

जनजातीय ग्रामीणों की जटिलता

''सफाई-स्वच्छता किसे अच्छी नहीं लगती? हर कोई चाहता है कि मेरा घर व आस-पास का परिवेश साफ-सुथरा बना रहे। जब हम अपने आस-पास का वातावरण साफ-सुथरा रखना चाहते हैं तो हमें अपने से ही शुरुआत करनी होगी।''

महात्मा गांधी के अनुसार, जनजातीय लोग अत्यंत जटिल भौतिक और सामाजिक दशाओं में रहते हैं। उनकी मानसिकता और विवेकशीलता ऐसी दशाओं से अभिभूत होती है जिसमें वे रहते हैं। यदि उनके बीच काम करनेवाला उनके परिवेश और परंपराओं से भली-भाँति परिचित नहीं है तब जनजातीय ग्रामीणों को प्रेरित करना अत्यंत कठिन होता है।

केस स्टडी-1—आदर्श गाँव राजुरा

महाराष्ट्र का राजुरा गाँव सफलतापूर्वक सौ प्रतिशत खुले में शौचमुक्त गाँव बन गया। ग्रामीणों ने गाँव में जलापूर्ति हेतु उत्कृष्ट उत्साह का परिचय दिया और अब यह गाँव स्वच्छता एवं हाइजीन रिसोर्स सेंटर अर्थात् स्वच्छता संसाधन केंद्र बनने की राह पर अग्रसर हो रहा है। राजुरा के कम्यूनिटी हॉल (जिसे जलस्वराज कार्यालय के रूप में भी उपयोग किया जाता है) की सभी दीवारों पर सफाई से संबंधित संदेशवाले नारे और पोस्टर लगाए गए हैं। स्थानीय कारीगरों ने शौचालयों के टेबलटॉप नुमा मॉडल भी बनाए हैं। इनमें कम लागतवाले

टॉयलेट भी शामिल हैं। इनकी प्रदर्शनी में बच्चों के लिए सफाई सुविधाओंवाले एक आदर्श स्कूल के मॉडल को भी शामिल किया गया है, जिसमें हैंडपंप, जल सोखनेवाले गड्ढे तथा छत के पानी को संरक्षित करनेवाले मॉडल भी हैं।

कूड़े-कचरे के निपटान हेतु इस गाँव में पहले से ही एक कृमि इकाई संचालित की जा रही है। ग्रामीण नाडेप किस्म के कंपोस्ट पिट का निर्माण कर रहे हैं। गाँव में सभी घरों को साबुनदान, मग, झाड़ू आदि और महिलाओं के लिए करछुली उपलब्ध कराए गए हैं। निजी और पर्यावरण स्वच्छता के प्रति वी.डबल्यू.एस.सी. के कुछ सक्रिय सदस्यों और अन्य ग्रामीणों को रिसोर्स परसन के रूप में प्रशिक्षित भी किया गया है। 15 रिसोर्स परसन (8 पुरुष और 7 महिलाएँ) अब सफाई में सौ प्रतिशत उपलब्धि प्राप्त करने में दूसरे जनजातीय गाँवों का मार्गदर्शन कर रहे हैं। ये सभी गाँव अपने-अपने गाँवों में जलस्वराज की समस्त प्रक्रिया से जुड़े हुए हैं और इस योजना के सभी पहलुओं से परिचित हैं। आज राजुरा दूसरे जनजातीय गाँवों के लिए प्रदर्शन दौरों के लिए प्रभावी स्थान बन गया है।

केस स्टडी-2—विरासत में मैला ढोना

असभ्य समाज में भी मैला ढोने की प्रथा का प्रचलन नहीं था, पर विकसित होते समाज में बदस्तूर ऐसी प्रथा का पालन किया जा रहा है। सरकार मानती है कि मैला ढोने का काम बंद करते ही उन्हें दूसरे अच्छे काम मिल जाते हैं, जबकि वास्तविकता यह है कि ऐसा करने से उनके दूसरे विकल्प भी छिन जाते हैं। समाज का मैला ढोना जैसे उनको विरासत में मिला हो।

सामाजिक संरचना पर वर्गभेद इस कदर हावी है कि व्यापक समाज यह स्वीकार करने के लिए तैयार नहीं है कि वाल्मीकि समाज इस अस्वच्छ पेशे से मुक्त हो। वहीं दूसरी ओर समाज (वाल्मीकि) के भीतर भी भेदभाव चरम स्तर पर है।

इसी व्यवहार के संबंध में अब तक किए गए प्रयासों से यह मान्यता स्थापित होती गई है कि यदि एक समुदाय मानव मल ढोने का काम कर रहा है तो इसका सबसे बड़ा कारण आर्थिक अभाव नहीं बल्कि सामाजिक

असंवेदनशीलता और प्रतिबद्धता की कमी है। एक महिला ने खुद को इस पेशे के चक्रव्यूह में से बाहर निकालने की जद्दोजहद की। अब से दो साल पहले उसने मैला ढोने का काम बंद कर दिया था। उसे एक ऋण योजना के अंतर्गत राष्ट्रीयकृत बैंक से वैकल्पिक रोजगार के लिए 20 हजार रुपए का ऋण भी मिला। वह खुश थी कि अब उसके बच्चों को समाज में सम्मान मिलेगा और वह बेहतर जीवन जी पाएगी।

उसने ऋण राशि से गाँव में कपड़े की दुकान खोली, परंतु मुक्ति का वह रास्ता किसी अँधेरी गुफा में जा पहुँचा। तीन माह तक हर रोज वह बड़ी उम्मीद के साथ दुकान खोलती पर इस दौरान गाँव से कपड़े का एक टुकड़ा भी किसी व्यक्ति ने उनके यहाँ से नहीं खरीदा। बात प्रचलित हो गई कि वह श्मशान के कपड़े बेच रही है। आखिरकार उसे अपनी दुकान बंद कर देनी पड़ी और एक सुखद सपने का शुरुआत से पहले ही अंत हो गया।

डेढ़ साल तक वह अन्य विकल्पों की तलाश करती रही, पर निराशा ही हाथ लगी और उसे एक बार फिर कच्चे शौचालयों की सफाई के काम की ओर कदम बढ़ाने पड़े। इस स्थिति के निवारणार्थ दोतरफा पहल की जरूरत है, एक तो मैला ढोने के काम में लगे लोग इस काम को छोड़ें और दूसरे स्तर पर समाज उन्हें समानता का दरजा देते हुए बिना किसी भेदभाव के स्वीकार करें।

समस्याएँ एवं उनके उपाय

गांधीजी के अनुसार, ''जब तक जनजातीय ग्रामीणों के प्रश्नों को समझ नहीं लिया जाता और उनकी समस्याओं का उत्तर नहीं दे दिया जाए तब तक जनजातीय गाँवों को प्रेरित करना कठिन होता है।'' राजुरा गाँव का जनजातीय स्वच्छता एवं हाइजीन प्रोन्नति संसाधन केंद्र जनजातीय गाँवों में सफाई से संबंधित सभी प्रश्नों के लिए एक मार्गदर्शिका का कार्य करता रहेगा। जनजातीय ग्रामीण राजुरा गाँव में किए गए कार्य को देखकर और गाँव में जनजातीय रिसोर्स परसन से बात करते हुए अपने उत्तर प्राप्त कर सकते हैं।

□

14

रोग न होने देना अच्छा

''सफाईकर्मियों पर ही निर्भरता से स्वच्छता की आशा नहीं की जा सकती। सभी को अपने घर और आस-पास की साफ-सफाई पर पूरा ध्यान देना चाहिए। हम जिस प्रकार दीपावली पर घर व बाहर की साफ-सफाई करते हैं, उसी प्रकार हमें संपूर्ण भारत भर को भी साफ रखने का मिलकर प्रयास करना चाहिए।''

गांधीजी ने इस बात पर अचंभा व्यक्त किया है कि आजकल सफाई के संबंध में एक विचित्र धारणा हो गई है। जितना स्थान लोगों के आँखों के सामने आता है, उतना ही स्थान साफ रखा जाए, यह बात मनुष्य की आदत में दाखिल हो गई है। यह धारणा इतनी संस्कारभूत हो गई है कि हमारे घर के पीछे, असबाब के नीचे, छप्पर और मकानों के कोने अर्थात् ऐसी जगहें, जहाँ किसी की नजर एकाएक नहीं जाती, गंदगी से हमेशा भरपूर रहती हैं। जहाँ की सफाई में थोड़ी मेहनत की जरूरत होती है, सामान आदि हटाने की जरूरत होती है, वहाँ भी आदमी सफाई को टालता है।

हमें सफाई की रूपरेखा के साथ उसकी दृष्टि और तरीके को भी थोड़ा समझ लेना चाहिए। अंग्रेजी में कहावत है कि रोग का इलाज करने की अपेक्षा रोग न होने देना कहीं अच्छा है। वास्तव में सफाई का असली मतलब तो है गंदगी न होने देना, न कि गंदा करके उसे साफ करना।

सांस्कारिक उदासीनता

ऐसी प्रवृत्ति हमारे देश में इतनी व्यापक हो गई है कि हमें इस प्रश्न के मूल कारण पर गंभीरतापूर्वक विचार करना होगा। सदियों की गुलामी के कारण हमारे देश में किसी चीज की जिम्मेदारी लेने का माद्दा प्रायः खत्म हो गया है। लगातार गरीबी के कारण कुछ लोगों को होश भी नहीं है। अनेक ऐसे कारण हैं, जिनसे देश में स्फूर्ति और व्यवस्था लगभग नहीं रह गई है। आलस्य, काहिली और लापरवाही इन्हीं कारणों से फैली है। वस्तुतः सफाई के बारे में जो गलतफहमी दिखलाई दे रही है, उसका मूल कारण देश के लोगों की संस्कारभूत उदासीनता ही मालूम पड़ती है। राष्ट्रध्वज समारोहपूर्वक फहराने के पश्चात् पुनः कभी उसकी ओर ध्यान न देने से उसकी सर्वत्र बुरी हालत दीख पड़ती है। वर्षा-आँधी में उसकी दुर्दशा देखते रहना किसी को बुरा भी नहीं लगता। कमरे में सुंदर तसवीर टाँगते समय जितना उत्साह रहता है, बाद में उसके कील से जैसे-तैसे लटकी रहने और बुरी मालूम होने का दोष दिमाग में भी नहीं आता। धूल से भरी वह तसवीर भद्दी दीख पड़ती है, मगर उसे साफ करने में दिलचस्पी नहीं रहती। इसी प्रकार दूसरे अनेक कार्य भी बड़े शौक से शुरू किए जाते हैं, पर बाद में उन पर खयाल नहीं किया जाता। ऐसी मिसालों की कमी नहीं है।

संस्थाओं में मल-मूत्र के स्थान ठीक बनाकर भी बाद में उनके टेढ़े-मेढ़े पड़े रहने और स्त्रियों के परदेवाली जगहों के परदे टूटे हुए लटकते रहने की बात तो अकसर पाई जाती है। उसी स्थान पर स्नान भी किया जाता है, परंतु उस परदे पर ध्यान नहीं दिया जाता। इस प्रकार देखा जाता है कि आलस्य और उदासीनता के कारण कोई भी काम ठीक नहीं हो पाता। सफाई के काम में हमारा यह चरित्र बहुत बड़ा बाधक है। इसलिए जो लोग सफाई के शिक्षण की बात सोचते हैं, हमारे इस जातीय दोष के प्रति विशेष ध्यान देना चाहिए।

सफाई की शुरुआत पिछले भाग में

सफाई का काम सबसे पहले पिछले भाग से प्रारंभ होना चाहिए। हर चीज के पिछले भाग को साफ करने के बाद ही आगे आना चाहिए। क्योंकि वैसा करने से लोगों की जमी हुई विकृत धारणा को तोड़ने में आसानी होती है।

कूड़ा रखने का स्थान

कूड़ा रखने का स्थान सबकी नजर के सामने होना चाहिए। सफाई करने के बाद कूड़ा जमा रखने का स्थान होना चाहिए, जहाँ आम लोगों का आना-जाना बराबर लगा रहे। गंदगी को निगाह की ओट कर देने की आदत इस तरह आसानी से रोकी जा सकती है। कुछ लोग ऐसा कहते हैं कि जब वैज्ञानिक ढंग से सफाई का काम करेंगे, तो जैसा आगे होगा, वैसा ही पीछे भी। लेकिन व्यावहारिक दृष्टि से हमें अपने कुसंस्कारों के कारण सफाई में होनेवाली अवहेलना की संभावनाओं को ध्यान में रखना ही होगा।

सफाई का एक सांस्कृतिक तथा मनोवैज्ञानिक सिद्धांत भी है। जैसे कि हम सभी हैं, मनुष्य की प्रकृति प्रायः सामने सफाई करने की ही होती है। लोगों के सामने अपने को सुंदर रूप में पेश करने की प्रकृति भी मनुष्य का संस्कार बन गई है। यह संस्कार आज के समाज में पूर्ण रूप से व्याप्त है। इस संस्कार के मुकाबले में आँख के सामने चीजों को सुरुचिपूर्ण रखना सफाई की अधूरी धारणा है, फिर भी वह सफाई ही है। आज लोग अपने आँख के सामने की चीजों को गंदा रहने देकर भी दूसरों की आँख के सामने की चीजों को साफ और सुंदर रखने की कोशिश में लगे रहते हैं। आज के समाज की इस प्रकार की प्रचलित संसति और मानसिक प्रकृति को सफाई न कहकर श्रृंगार-वृत्ति कहा जा सकता है। अंदर की बनियान गंदी रखकर ऊपर का कुरता साफ करना। बिस्तर, तकिया और कमरे के और समान गंदे रखकर साफ कपड़े पहनकर बाहर जाना इत्यादि बातें इसी सिद्धांत के अंतर्गत आती हैं। सफाई को कई वर्गों में विभाजित किया जा सकता है—

गुण-संबंधी

इसमें मुख्य तीन बातें आती हैं—1. कला-संबंधी, 2. स्वास्थ्य-संबंधी और 3. उद्योग-संबंधी। लीपना, पोतना, अल्पना निकालना, घर-द्वार सजाना आदि काम कला के अंतर्गत आते हैं। मल-मूत्र इत्यादि की व्यवस्था करना, मक्खी, मच्छर आदि से रक्षा करना, नाली-नाबदान साफ करना आदि बातें स्वास्थ्य-संबंधी सफाई हैं और इन्हीं चीजों का तथा अन्य कूड़ों का इस्तेमाल करना उद्योग-संबंधी बातें हैं।

स्थान-संबंधी

इस वर्ग में प्रधानत: व्यक्तिगत सफाई, आस-पास की सफाई और सार्वजनिक सफाई का समावेश है। दाँत, आँख, कान, नाक, नाखून आदि की सफाई, नहाना-धोना, कपड़े, बिस्तर और कमरे की सफाई तथा बरतन और दूसरे सामान की सफाई व्यक्तिगत सफाई है। आँगन, मकान का सामना और पीछा गली-कूचे, नाली आदि की सफाई आस-पास की सफाई है। गाँव, शहर, सड़क, बाजार, धर्मशाला, मुसाफिरखाने आदि की सफाई सार्वजनिक सफाई है।

नीति-संबंधी

सत्यवादिता, सद्व्यवहार, सद्विचार आदि बातें नैतिक सफाई के अंग हैं। आवश्यक दैनिक अथवा जीवन संबंधी सभी बातें इसके अंतर्गत आती हैं।

ये सभी स्वच्छताएँ एक-दूसरे से संबंधित हैं। जो लोग इन तीनों प्रकार की सफाई के आदी नहीं है, उन्हें सफाई पसंद कैसे कहा जा सकता है? वस्तुत: सिर्फ एक ही किस्म की सफाई टिकाऊ नहीं है। मनुष्य सिर्फ व्यक्तिगत सफाई करे और आस-पास की तथा सार्वजनिक सफाई न करे, तो वह अपनी व्यक्तिगत सफाई भी कायम नहीं रख सकता। क्योंकि वह जब एक ओर से सफाई करता रहेगा, तो दूसरी ओर से गंदगी आकर उसकी साफ की हुई चीजों को गंदा कर देगी। अगर लोग व्यक्तिगत और आस-पास की सफाई कर लें और सार्वजनिक सफाई नहीं हुई, तो वे दूर की मक्खियों को अपनी थाली में गंदगी छोड़ने से रोक नहीं सकते। उसी तरह मानसिक गंदगी के रहते बाहरी सफाई नहीं हो सकती और न बाहरी गंदगी रखकर मानसिक सफाई ही संभव है। गांधीजी ने इस संबंध में मानव-समाज के लिए एक सनातन मंत्र कहा है—

"जो मनुष्य बाह्य वस्तु का अंतर के साथ अनुसंधान करके सर्वांगीण बाह्यशुद्धि रखता है, उसके लिए अंत:शुद्धि सहज हो जाती है। इससे उलट, जो अंत:शुद्धि के प्रयत्न में बाह्यशुद्ध की अवगणना करता है, वह दोनों खोता है।"

अतएव सफाई की रूपरेखा को भलीभाँति समझने के लिए इस बात को समझना होगा कि सफाई किसी एक ही दिशा में नहीं हो सकती।

महात्मा गांधी ने अपने सार्वजनिक जीवन की शुरुआत के समय से ही व्यक्तिगत जीवन से लेकर सार्वजनिक जगहों की सफाई तक पर जोर दिया था, उसके महत्त्व को नए सिरे से समझने-समझाने की जरूरत है। हमारे लगभग सभी शहरों में जहाँ आधुनिक सुख-सुविधाओं वाले बहुमंजिला फ्लैटों में बढ़ोतरी हुई है, वहीं झुग्गी-झोंपड़ियाँ भी उसी तेजी से बढ़ी हैं। यह विरोधाभासी स्थिति या असमानता सचमुच दु:खदायी है। और यहीं आकर उन्नत या चमकीले भारत के दावे हमें मुँह चिढ़ाने लगते हैं, अगर हम उनकी वास्तविकता में इन स्थितियों को भी शामिल कर लेते हैं।

कचरे के ढेर पर

तमाम प्रगति और तरक्की के दावों के बावजूद भारत की छवि दुनिया भर में कूड़े-कचरे से घिरे देश की बन रही है। महानगरों और नगरों में पसरी गंदगी तो लाइलाज हो चुकी है। यहाँ तक कि मनोरम पर्यटन और तीर्थस्थल भी साफ-सुथरे नहीं रह गए।

प्रकृति ने जिसे सबसे अधिक संपन्न और तराशे हुए रूप के साथ बनाया है, वह देश अगर पूरा-का-पूरा हर जगह कचरे के ढेर में बदल चुका है, सड़ता दिखता है तो उसका पूरा दायित्व केवल सरकार का नहीं, नागरिकों का भी है।

विदेशों में कचरा निबटान

विदेशों—खासकर, यूरोप, अमेरिका और विकसित देशों में कचरे-कूड़े की व्यवस्था बहुत बढ़िया ढंग से होती है। हर परिवार के पास काउंसिल के बिंस एंड वेस्ट कलेक्शन विभाग की ओर से बड़े आकार के तीन वेस्ट बिंस खासकर मिले हुए होते हैं, जो घर के बाहर, लॉन में एक ओर या गैरेज या मुख्यद्वार के आस-पास कहीं रखे रहते हैं। परिवार स्वयं अपने घर के भीतर रखे दूसरे छोटे कूड़ेदानों में अपने कचरे को तीन प्रकार से डालता रहता होता है। इसलिए घर के भीतर भी कम-से-कम तीन तरह के कूड़ेदान होते हैं। एक ऑर्गेनिक कचरा, दूसरा रिसाइकिल हो सकनेवाला और तीसरा जो एकदम निभ्रांत गंदगी है, इन दोनों से अलग।

हफ्ते में एक सुनिश्चित दिन विभाग की तीन तरह की गाड़ियाँ आती हैं, उससे पहले या (भर जाने पर यथा इच्छा) अपने घर के भीतर के कूड़ेदानों से निकालकर तीनों प्रकार के बाहर रखे डिब्बों में स्थानांतरित कर देना होता है, जिसे वे निर्धारित दिन पर आकर एक-एक कर अलग-अलग ले जाती हैं।

इसके अलावा पुराने कपड़े, बिजली का सामान, पॉलिथीन, बैटरियाँ और घरेलू वस्तुएँ—जैसे फर्नीचर, टी.वी., इलेक्ट्रॉनिक सामग्री, जूते, काँच वगैरह को एक निश्चित स्थान पर पहुँचाने की जिम्मेदारी स्वयं नागरिक की होती है। बड़ी चीजों को कचरे में फेंकने के लिए उलटे शुल्क भी देना पड़ता है। इस पूरी प्रक्रिया की वजह से लोगों में कचरे के प्रति अत्यधिक संवेदनशीलता बनी रहती है। जबकि ध्यान देने की बात यह भी है कि यूरोप वगैरह के देश ठंडे हैं और यहाँ ठंडक के कारण रासायनिक प्रकिया बहुत धीमे होती है। कचरा सड़ने की गति भी बहुत कम है, इसलिए भारत की तरह बदबू और रोगों का अनुपात भी कम। ऐसा होने के बावजूद विकसित देशों की कचरे के प्रति यह अत्यधिक जागरूकता देश के वातावरण और नागरिकों को ही नहीं, बल्कि पर्यावरण और प्रति को भी बहुत संबल देती हैं।

न्यूनतम गंदगी

स्वच्छता का सबसे कारगर ढंग होता है कि गंदगी कम-से-कम की जाए। अगर एक व्यक्ति किसी स्थान पर दिन भर कुछ-न-कुछ गिराता-फैलाता रहे और दूसरा व्यक्ति पूरा दिन झाड़ू लेकर वहाँ सफाई भी करता रहे, तब भी वह स्थान कभी साफ नहीं हो सकता। इसलिए स्वच्छता का पहला नियम ही यह है कि गंदगी कम-से-कम की जाए, इसे व्यवहार में लाने के लिए हर नागरिक में स्वच्छता का संस्कार और गंदगी के प्रति वितृष्णा का भाव उत्पन्न होना अनिवार्य है।

आधुनिक उन्नत देशों में एक छोटा सा बच्चा भी गंदगी न करने के प्रति इतना सचेत और प्रशिक्षित होता है कि देखते ही बनता है। मैंने डेढ़ साल के बच्चे को उसके माता-पिता द्वारा बिखेरे फल के छिलकों को उठाकर दूर जाकर डिब्बे में डालते देखा है। अपने परिवेश के प्रति ऐसी चेतना भारतीय परिवारों में

नाममात्र की है। वहाँ गंदगी तो परिवार और समाज का हर सदस्य धड़ल्ले से फैला सकता है, लेकिन सफाई का दायित्व बहुधा गृहणियों और सफाई कर्मचारियों का ही होता है। इसलिए सबसे पहले तो भारत में कचरा प्रबंधन के लिए लोगों में इस आदत के विरोध में जागरूकता पैदा करनी होगी। स्वच्छता सफाई करने से होती है। उन्हें यह संस्कार बचपन ही से ग्रहण करना होगा कि स्वच्छता गंदगी न करने से होती है। सफाई करने और गंदगी न करने में बड़ा भारी अंतर है।

भारत में हर जगह कचरे का ढेर दिख जाता है। इसी कूड़ा-कचरा अव्यवस्था या अप्रबंधन के चलते कचरा बीननेवाले बच्चों का जीवन नष्ट हो जाता है। दूसरी ओर अगर इसी कचरे का सही प्रबंधन किया जाए तो देश को कितने प्राकृतिक उर्वरक मिल सकते हैं और रि-साइकिल हो सकनेवाली वस्तुओं के सही प्रयोग द्वारा कितनी राष्ट्रीय क्षति बचाई जा सकती है। पर्यावरण और प्राकृतिक संसाधनों की सुरक्षा और उनके क्षय पर रोक भी लगेगी। स्वास्थ्य और जीवनरक्षक दवाओं पर होनेवाला खर्च कम होगा, व्यक्ति का शारीरिक-मानसिक स्वास्थ्य उत्तरोत्तर सुधरेगा। विदेशी पर्यटकों की संख्या बढ़ेगी और इससे विदेशी पूँजी भी। देश की छवि जो सुधरेगी वह एक अतिरिक्त लाभ होगा।

□

15

कचरा-प्रबंधन एक बड़ी समस्या

''हम दुनिया के सबसे बड़े धार्मिक व आध्यात्मिक देश को गंदा करने से बाज नहीं आते? ये दोहरा आचरण क्यों?''

गांधीजी ने जो बात कई वर्ष पूर्व कही थी, वह स्थिति कई स्तर पर आज भी जारी है। आज भी पूरे भारत में कुछ जातियाँ हाथ से मल उठानेवाले कर्मचारियों के रूप में काम करने को मजबूर हैं, हाथ से मल उठाने का काम करनेवालों को इस काम को छोड़ने पर उनके साथ हिंसा, उनका सामाजिक, आर्थिक बहिष्कार किया जाता है और अपने स्थान से बेदखली की धमकी दी जाती है।

ह्यूमन राइट वॉच की एक रिपोर्ट के अनुसार भेद-भाव के इस अपराध में अकसर अधिकारी और विभाग भी शामिल होते हैं, जैसे—ग्राम पंचायतों और नगरपालिकाओं द्वारा खुले मलोत्सर्ग क्षेत्रों की साफ-सफाई के लिए जाति के आधार पर कर्मचारियों की भरती की जाती है। स्पष्ट है कि इस काम को करनेवाले लोगों को अपने जीवन के अन्य पहलुओं में भेदभाव का सामना भी करना पड़ता है, जिनमें शिक्षा, सामुदायिक जल स्रोत तथा रोजगार के लाभ तक पहुँच शामिल है।

दूसरी तरफ हम बिना किसी झिझक के अपना कचरा सड़क पर फेंक देते हैं, हम अपनी खिड़कियों से कचरा इस भाव से फेंकते हैं जैसे कि हमें अपने घर के अलावा किसी भी सावर्जनिक स्थान की साफ-सफाई से कोई

मतलब ही न हो। हमारे स्कूलों में भी बच्चों को साफ-सफाई को लेकर ज्यादा कुछ नहीं सिखाया जाता है।

साफ-सफाई के साथ कचरा निस्तारण का मसला भी जुड़ा हुआ है। आज बढ़ते शहरीकरण की वजह से भारत जैसे विकासशील देशों में कचरा प्रबंधन एक बड़ी समस्या के रूप में सामने आया है। हमने अपने शहरों के पास कचरों के पहाड़ कर दिए हैं, इन खतरनाक पहाड़ों की ऊँचाई और चौड़ाई में दिनोदिन इजाफा ही हो रहा है, क्योंकि देश में प्रतिदिन 1 लाख 60 हजार मिट्रिक टन कचरे की पैदावार होती है। राजधानी दिल्ली में सन् 1950 से लेकर आज तक 12 बड़े कचरे के ढेर बनाए जा चुके हैं जो कि सात मंजिल तक ऊँचे हैं, मुंबई का सबसे बड़ा कचरा संग्रह 110 हेक्टेयर में फैला देवनार कचरा स्थल है। यहाँ पर 92 लाख टन कचरे का ढेर लग चुका है। यही हाल अन्य महानगरों और शहरों का भी है।

पर्यावरण हेतु चुनौती बनता कचरा

यह कचरा जनस्वास्थ्य एवं पर्यावरण के लिए एक बड़ी चुनौती बना हुआ है। कचरे से रिसकर जहरीला रसायन भूमि, हवा और पानी को दूषित कर रहा है और इनके पास रहनेवाली आबादी अनेक गंभीर बीमारियों, जैसे—मलेरिया, टी.बी., दमा और चर्म रोगों से ग्रसित हैं, मुंबई की ही बात करें तो देवनार इलाके के पास बसी बस्तियों में प्रत्येक सौ बच्चों में से 60 बच्चे जन्म लेते ही मर जाते हैं, जबकि बाकी मुंबई में यह औसत 30 बच्चे प्रति हजार है।

हमें साफ-सफाई और इस काम में लगे लोगों के प्रति अपने नजरिए में बदलाव की जरूरत है, सबसे पहले तो सरकार को चाहिए कि हाथ से मल उठाने की प्रथा पर रोक लगाए और इसके लिए बने कानून का कड़ाई से लागू करे। समाज के स्तर पर भी हमें सफाई का काम जाति नहीं बल्कि पेशे के आधार पर स्थापित करने पर जोर देना होगा। दूसरी तरफ कचरे को ठिकाने लगाने की हमारी तकनीक बहुत पुरानी है। इससे गंदगी और प्रदूषण दोनों को गंभीर खतरा है। ऐसा लगता है, हमारी सरकारें और नगर-प्रशासन इन सब चुनौतियों से अनजान बने हुए हैं। कचरा एक संसाधन है, 90 प्रतिशत कचरे को

कीमती खाद में तब्दील किया जा सकता है। कचरा डालने के लिए इस्तेमाल की जा रही भूमि को भी उपजाऊ बनाया जा सकता है।

कचरे का वर्गीकरण

इसे लेकर सरकारों और नगरनिगमों की जिम्मेदारी बनती है कि वे जनता को इस बारे में शिक्षित और प्रेरित करें ताकि गीले और सूखे कचरे को अलग-अलग रखकर इसे पुन: प्रयोग करने और रिसाइकिल करने में उपयोग किया जा सके, लेकिन इसका उलटा हो रहा है। हमारे नगरनिगम अकसर हर प्रकार का कूड़ा एक साथ इकट्ठा करते हैं जिसे शहर के बाहरी इलाकों में खाली जमीन पर अथवा सड़कों के किनारे खुले में डंप कर देते है। यही हमारे शहरों में गंदगी, प्रदूषण का एक प्रमुख कारण है।

विकसित देशों में कचरा निस्तारण बड़े मुनाफे के व्यवसाय के रूप में स्थापित हो चुका है। वहाँ शहर के कचरे गंदगी का ढेर बनकर दुर्गंध और बीमारियाँ नहीं फैलाते, बल्कि उसका उपयोग रिसाइकिल करके नई वस्तुएँ बनाने और बायो गैस, बिजली आदि उत्पादित करने में किया जाता है, लेकिन हमारे यहाँ हालत यह हैं कि कचरा बीनने का जो काम प्रशासन को करना चाहिए वह बच्चे कर रहे हैं, एक अनुमान के मुताबिक राजधानी दिल्ली में करीब 3 लाख बच्चे कचरा बीनने का काम करते हैं, मुंबई में लगभग इतने ही बच्चे इस काम में संलग्न हैं। अपनी आजीविका के लिए काम कर रहे ये बच्चे हर दिन भयावह जीवन जीने को मजबूर हैं और कैंसर, दमा, टी.बी. और चर्म रोग जैसी जानलेवा बीमारियों के शिकार हो रहे हैं।

हमारे शहरों के बढ़ते फैलाव को देखते हुए सफाई अभियान के साथ-साथ ठोस कचरा प्रबंधन की भी बहुत जरूरत है, इसके अलावा कचरा उठाने के लिए जिम्मेदार एजेंसियाँ कचरों के अलगाव, उनके समय पर उठाव एवं ढुलाई करने में अक्षम साबित हो रही हैं, उनके पास इसके लिए जरूरी उपकरणों, जमीन, निष्पादन से जुड़ी मशीनों का अभाव है। इन जरूरतों को पूरा करने की जरूरत है। साथ-ही-साथ नगरीय निकायों को अपने तौर-तरीकों में सुधार लाना होगा।

इस मुहिम को प्राइवेट से ज्यादा पब्लिक बनाने की जरूरत है, विशाल देशी-विदेशी फर्मों को तरजीह देने की जगह कचरा चुननेवालों, कबाड़ के काम में लगे लोगों तथा इसको व्यवसाय के रूप में अपनाने को इच्छुक व्यक्तियों को चिह्नित किया जाए। इससे संबंधित जरूरी प्रशिक्षण दिया जाए ताकि वे खुद या समूह बनाकर इस प्रक्रिया में सहयोग कर सकें। इससे स्वच्छ भारत अभियान में लोगों की भागीदारी तो होगी ही, साथ में उन्हें प्रोफेशनल तरीके से आमदनी का नया जरिया भी मिलेगा। लेकिन इन सबसे ज्यादा हमें साफ-सफाई और इस काम में लगे लोगों के प्रति अपने नजरिए में बदलाव की जरूरत है।

□

16

मौत-घर बनते सीवर

''जहाँ-जहाँ भी गंदगी होती है, वहाँ-वहाँ बीमारी का साम्राज्य बना रहता है। गंदगी के कारण मलेरिया, टाइफाइड, पीलिया, हैजा, डेंगू, बुखार आदि बीमारियाँ होती हैं। गंदी बस्ती में रहनेवालों को इन बीमारियों का बारह मास ही सामना करना पड़ता है। इसका समुचित तरीके से निष्पादन किया जाए तो बीमारियों को काफी हद तक रोका जा सकता है।''

देश में हर साल हज़ार से ज्यादा लोग जाम सीवर की मरम्मत करने के दौरान दम घुटने से मारे जाते हैं। हर मौत का कारण सीवर की जहरीली गैस बताया जाता है। पुलिस ठेकेदार के खिलाफ लापरवाही का मामला दर्ज कर अपने कर्तव्य की इतिश्री कर लेती है। शायद यह पुलिस को भी नहीं मालूम है कि सीवर सफाई का ठेका देना हाईकोर्ट के आदेश के विपरीत है। समाज के जिम्मेदार लोगों ने कभी महसूस ही नहीं किया कि नरक-कुंड की सफाई के लिए बगैर तकनीकी ज्ञान व उपकरणों के निरीह मजदूरों को सीवर में उतारना अमानवीय है।

देश में अब तक सैकड़ों सीवर कर्मचारियों की मौत, मेनहोलों या गटर की सफाई करते समय गंदी-जहरीली गैस चढ़ने से हो गई। मशहूर भारतीय फिल्मकार सत्यजीत रे ने अपनी एक फिल्म अमेरिका में प्रदर्शित की तो पहले शो में ही बहुत से अमेरिकी फिल्म बीच में ही छोड़कर उठ गए, क्योंकि

सत्यजीत रे ने फिल्म के एक सीन में भारतीय लोगों को हाथों से खाना खाते हुए दिखाया था, जिसे देखकर उन्हें वितृष्णा होने लगी थी। लेकिन अगर उन्हें इनसान के हाथों से सीवरेज की सफाई होते दिखला दी जाती तो शायद वे बेहोश हो जाते। सिर्फ अमेरिकी ही क्यों, इस नरक के दर्शन से तो बहुत से भारतीय भी बेहोश हो जाएँगे। लोग अपने घरों में साफ-सुथरा टॉयलेट इस्तेमाल करते हैं, लेकिन वे शायद ही कभी सोचते हों कि उनके इस टॉयलेट को साफ रखने के लिए इस दुनिया में ऐसे भी लोग हैं जो अपनी जान दे देते हैं। सिर्फ इसलिए कि दूसरे लोग एक साफ-सुथरी जिंदगी जी सकें।

बहुत सारी जिंदगियाँ इस तरह की भी हैं जो हर रोज इनसान की गंदगी से भरे गटरों-मेनहोलों आदि में उतरती हैं। महज 90 या हद-से-हद 110 रुपए की दिहाड़ी कमाने के लिए। जो कामगार जिंदा भी हैं, वे हर समय कार्बन मोनोऑक्साइड, हाइड्रोजन सल्फाइड और मीथेन जैसी जहरीली गैसों के सीधे संपर्क में रहने से कई प्रकार की साँस की बीमारियों के शिकार हैं। यही नहीं, दस्त, टाइफाइड और हैपेटाइटिस-बी इन कामगारों में पाए जानेवाले सामान्य रोग हैं। ई कौली नामक बैक्टीरिया पेट के बहुत गंभीर रोगों का जन्मदाता है और क्लोसटरीडम टैटनी नामक बैक्टीरिया खुले जख्मों के सीधे संपर्क में आने से टिटनेस का कारण बनता है। ये सारे बैक्टीरिया गंदे पानी में आम तौर पर पाए जाते हैं और चमड़ी के रोग इतने हैं कि गिने नहीं जा सकते।

इस सारी प्रक्रिया में जो सबसे अमानवीय बात है वह यह है कि आज भी मेनहोलों को साफ करने के लिए सफाई कर्मचारी उनके अंदर उतरते हैं और सारी सफाई हाथों से करते हैं। इंप्लॉयमेंट ऑफ मेनुअल स्कैवेंजर्स एंड कंस्ट्रक्शन ऑफ ड्राई लैटरींज (प्रोविजनल) एक्ट 1993 के तहत मानवीय हाथों से मेनहोल या गटर क्या, घरों के सैप्टिक टैंक भी साफ करना गैर-कानूनी है। लेकिन हमारे देश के अन्य सभी कानूनों की तरह यह कानून भी महज कागजी ही है। इस कानून की धज्जियाँ उड़ते हुए आप किसी भी मेनहोल पर चलते काम के समय देख सकते हैं। यहाँ तक कि इन सफाई कर्मचारियों को सुरक्षा के इंतजाम तक मुहैया नहीं करवाए जाते। कानूनन ऑक्सीजन सिलेंडर हर समय सफाई कर्मचारी के पास होना चाहिए, लेकिन भ्रष्टाचार के चलते यह हो पाना संभव ही नहीं है।

जिंदगियों की अनदेखी

नरक कुंड की सफाई का जोखिम उठानेवाले लोगों की सुरक्षा-व्यवस्था के कई कानून हैं और मानव अधिकार आयोग के निर्देश भी। चूँकि इस अमानवीय त्रासदी में मरनेवाले अधिकांश लोग असंगठित दैनिक मजदूर होते हैं, अत: न तो इस पर विरोध दर्ज होता है और न ही भविष्य में ऐसी दुर्घटनाएँ रोकने के उपाय।

सीवरों में नारकीयता

भूमिगत सीवरों ने भले ही शहरी जीवन में कुछ सहूलियतें दी हों, लेकिन इसकी सफाई करनेवालों के जीवन में इस अँधेरे नाले में और भी अँधेरा कर दिया है। अनुमान है कि हर साल देश भर के सीवरों में औसतन 200 से 300 लोग दम घुटने से मरते हैं। जो दम घुटने से बच जाते हैं, उनका जीवन सीवर की विषैली गंदगी के कारण नरक से भी बदतर हो जाता है। देश में दो लाख से अधिक लोग जाम हो गए सीवरों को खोलने, मेनहोल में घुसकर वहाँ जमा हो गई गाद, पत्थर को हटाने के काम में लगे हैं। कई-कई महीनों से बंद पड़े इन गहरे नरक कुंडों में कार्बन मोनोऑक्साइड, हाइड्रोजन सल्फाइड, मीथेन जैसी दमघोटू गैसें होती हैं।

यह एक शर्मनाक पहलू है कि यह जानते हुए भी कि भीतर जानलेवा गैसें और रसायन हैं, एक इनसान दूसरे इनसान को बगैर किसी बचाव या सुरक्षा-साधनों के भीतर ढकेल देता है। याद रहे कि महानगरों के सीवरों में महज घरेलू निस्तारण ही नहीं होता है, उसमें ढेर सारे कारखानों की गंदगी भी होती है और आज घर भी विभिन्न रसायनों के प्रयोग का स्थल बन चुके हैं। इस पानी में ग्रीस-चिकनाई, कई किस्म के क्लोराइड व सल्फेट, पारा, सीसा के यौगिक, अमोनिया गैस और न जाने क्या-क्या होता है।

सीवेज के पानी के संपर्क में आने पर सफाईकर्मी के शरीर पर छाले या घाव पड़ना आम बात है। नाइट्रेट और नाइट्राइड के कारण दमा और फेफड़े के संक्रमण होने की प्रबल संभावना होती है। सीवर में मिलनेवाले क्रोमियम से शरीर पर घाव होने, नाक की झिल्ली फटने और फेफड़े का कैंसर होने के

आसार होते हैं। भीतर का अधिक तापमान इन घातक प्रभावों को कई गुना बढ़ा देता है। यह वे स्वयं जानते हैं कि सीवर की सफाई करनेवाला 10-12 साल से अधिक काम नहीं कर पाता है, क्योंकि उनका शरीर काम करने लायक ही नहीं रह जाता है।

ऐसी बदबू ,गंदगी और रोजगार की अनिश्चितता में जीनेवाले इन लोगों का शराब व अन्य नशों की गिरफ्त में आना लाजिमी ही है और नशे की यह लत उन्हें कई गंभीर बीमारियों का शिकार बना देती है। आमतौर पर ये लोग मेनहोल में उतरने से पहले ही शराब चढ़ा लेते हैं, क्योंकि नशे के सरूर में वे भूल पाते हैं कि काम करते समय उन्हें किन-किन गंदगियों से गुजरना है।

गौरतलब है कि शराब के बाद शरीर में ऑक्सीजन की कमी हो जाती है, फिर गहरे सीवरों में तो यह प्राणवायु होती ही नहीं है। तभी सीवर में उतरते ही इनका दम घुटने लगता है।

सफाई का काम करने के बाद उन्हें पीने का स्वच्छ पानी, नहाने के लिए साबुन व पानी तथा स्थान उपलब्ध करवाने की जिम्मेदारी भी कार्यकारी एजेंसी की है। राष्ट्रीय मानवाधिकार आयोग भी इस बारे में कड़े आदेश जारी कर चुका है। इसके बावजूद ये उपकरण और सुविधाएँ गायब हैं।

आज के अर्थ-प्रधान और मशीनी युग में सफाईकर्मियों के राजनीतिक व सामाजिक मूल्यों के आकलन का नजरिया बदलना जरूरी है। सीवरकर्मियों को देखें तो महसूस होता है कि उनकी असली समस्याओं के बनिस्पत भावनात्मक मुद्‌दों को अधिक उछाला जाता रहा है। केवल छुआछूत या अत्याचार जैसे विषयों पर टिका चिंतन-मंथन उनकी व्यावहारिक दिक्कतों से बेहद दूर है। सीवर में काम करनेवालों को आर्थिक संबल और स्वास्थ्य की सुरक्षा देकर उनके बीच नया विश्वास पैदा किया जा सकता है।

□

17

ठोस कचरे की चुनौती

''केला खाकर छिलका खिड़की के रास्ते सड़क के हवाले करना कौन सी सभ्यता है? क्या ये लोग पढ़े-लिखे नहीं हैं? या कि ये सड़क को कूड़ाघर समझते हैं? ये कारवाले हैं या 'बेकार'।''

आज भारत दुनिया से बेहद खतरनाक किस्म का बेशुमार कचरा खरीदनेवाला देश है। भारत दुनिया के कचरा फेंकनेवाले उद्योगों को अपने यहाँ न्योता देकर बुलाकर खुश होनेवाला देश है। भारत अब एक ऐसा देश भी हो गया है, जो पहले अपनी हवा, पानी और भूमि को मलिन करने में यकीन रखता है और फिर मलिनता को साफ करने के लिए कर्जदार होने में।

ठोस कचरे के साथ-साथ इलेक्ट्रॉनिक्स कचरा निपटान में बदहाली को लेकर राष्ट्रीय हरित अधिकरण ने अभी हाल ही में मंत्रालय को नोटिस भेजा है। यदि हम चाहते हैं कि कचरा न्यूनतम उत्पन्न हो, तो हम 'यूज एंड थ्रो, की प्रवृत्ति को हतोत्साहित करनेवाले टिकाऊ उत्पाद नियोजित करें। कचरे का निष्पादन उसके स्रोत पर ही करने की पहल जरूरी है। कचरे का सर्वश्रेष्ठ निष्पादन विशेषज्ञता, सुनियोजन, कड़े कानून, क्रियान्वयन में बेहद सख्त अनुशासन तथा प्रेरणा की भी माँग करता है। यह किए बगैर स्वच्छ भारत की कल्पना मुश्किल है।

साधन की शुचिता

पश्चिम के देशों से शहरों की सफाई का शास्त्र सीखने की बात गांधीजी ने भी की थी। किंतु यदि स्वच्छ भारत का मिशन अमेरिका के साथ मिलकर भारत के 500 शहरों में संयुक्त रूप से वाश कार्यक्रम के वादे में सिर्फ निजी कंपनियों के फायदे की पूर्ति के लिए शुरू किया गया साबित हुआ, तो तारीफ करने से पहले बकौल गांधी, "जाँच साध्य के साधन की शुचिता करनी जरूरी होगी।" सफाई कर्मचारियों की रोजी पहले ही ठेके के ठेले पर लुढ़क रही है। विदेशी कंपनियाँ और मशीनें आईं तो उनकी रोजी को ठेंगा देखने की नौबत न आए, यह सुनिश्चित करना होगा।

सफाई बने सौगात

एक आकलन के मुताबिक भारत में हर रोज 1.60 लाख मीट्रिक टन कचरा पैदा होता है। यदि हम इसका ठीक से निष्पादन करें, तो इतने कचरे से 27 हजार करोड़ रुपए की खाद पैदा की जा सकती है, 45 लाख एकड़ बंजर को उपजाऊ खेतों में बदला जा सकता है। 50 लाख टन अतिरिक्त अनाज पैदा करने की क्षमता हासिल की जा सकती है और दो लाख सिलेंडरों हेतु अतिरिक्त गैस हासिल की जा सकती है।

उचित नियोजन और सभी के संकल्प से यह किया जा सकता है। सरकार ने स्वच्छता को मिशन बनाया है, हम इसे आदत बनाएँ। स्वच्छ भारत का यह मिशन यदि यह संभव कर सका, तो सफाई की सौगात दूर तक जाएगी। भारत की कृषि, आर्थिकी, रोजगार और सामाजिक दर्शन में कई स्वावलंबी परिवर्तन देखने को मिलेंगे।

सब बनें सफाईवाले

गांधी ने सफाई करने के काम को अलग पेशा माननेवाले समाज को दोषपूर्ण करार दिया था। वह मानते थे कि यह भावना हम सबके मन में बचपन से ही जम जानी चाहिए कि हम सब सफाईवाले हैं। इसका सबसे आसान तरीका यह बताया था कि हम अपने शारीरिक श्रम का आरंभ शौचालय

साफ करके करें।

शहरों की स्वच्छता को निगम पार्षदों द्वारा सेवा भाव से लेने की हिदायत देते हुए गांधीजी ने उनसे अपेक्षा की थी कि वे अपने को सफाईवाले कहने में गौरव का अनुभव करेंगे। गौर कीजिए, उनका लक्ष्य सिर्फ सफाई अथवा सफाईवाला वर्ग नहीं था। वे चाहते थे कि इसके जरिए हम धर्म को एक निराले ढंग से समझें व स्वीकारने योग्य बन जाएँ। दुआ कीजिए कि स्वच्छ भारत हमें मानसिक रूप से इतना स्वच्छ बना सके कि हम निजी और सार्वजनिक ही नहीं, बल्कि धर्म और जाति की मलिन खाइयों को पाट सकें। इससे महात्माजी का सपना भी पूरा हो जाएगा और मोदी का मिशन भी।

हालाँकि यदि हम सफाई, स्वच्छता, शुचिता जैसे आग्रहों को सामने रख गांधी द्वारा किए आत्मप्रयोग और संपूर्ण सपने को सामने रखेंगे, तो हमें बात मलिन राजनीति, मलिन अर्थव्यवस्था, मलिन तंत्र, मलिन नदियाँ, हवा, भूमि, भ्रष्टाचार, बीमार अस्पताल, उत्पीड़न और नशे से लेकर हमारी मलिन मानसिकता के कई पहलुओं की करनी होगी।

□

18

नदियों की अस्वच्छता

"जो मनुष्य बाह्य वस्तु का अंतर के साथ अनुसंधान करके सर्वांगीण बाह्यशुद्धि रखता है, उसके लिए अंतःशुद्धि सहज हो जाती है। इससे उलट, जो अंतःशुद्धि के प्रयत्न में बाह्यशुद्ध की अवहेलना करता है, वह दोनों खोता है।"

केंद्र सरकार गंगा समेत विभिन्न नदियों की सफाई पर जोर दे रही है और पिछले 10 वर्षों में विभिन्न राज्यों में गंगा और यमुना की सफाई पर 1150 करोड़ रुपए खर्च होने के बावजूद स्थिति चिंताजनक बनी हुई है।

राष्ट्रीय नदी संरक्षण निदेशालय से प्राप्त जानकारी के अनुसार गत 10 वर्षों में दिल्ली में यमुना की सफाई पर 322 करोड़ रुपए, हरियाणा में 85 करोड़ रुपए, उत्तर प्रदेश में गंगा, यमुना, गोमती की सफाई पर 463 करोड़ रुपए, बिहार में गंगा की सफाई पर 50 करोड़ रुपए खर्च किए जा चुके हैं।

जानकारी के अनुसार, गुजरात में साबरमती नदी के संरक्षण पर पिछले 10 वर्षों में 59 करोड़ रुपए और कर्नाटक में भद्रा, तुंगभद्रा, कावेरी, तुंगा नदी की साफ-सफाई पर 39.4 करोड़ रुपए खर्च हुए। महाराष्ट्र में कृष्णा, गोदावरी, तापी, पंचगंगा के संरक्षण पर सन् 2000-01 से सन् 2009-10 के बीच 107 करोड़ रुपए खर्च हुए। मध्य प्रदेश में बेतवा, तापी, वाणगंगा, नर्मदा, कृष्णा, चंबल, मंदाकिनी की साफ-सफाई पर 57 करोड़ रुपए खर्च किए गए।

पंजाब में सतलुज नदी के संरक्षण पर इस अवधि में कई सौ करोड़ रुपए खर्च किए गए, जबकि तमिलनाडु में कावेरी, अडयार, बैगी, वेन्नार नदियों की साफ-सफाई पर 615 करोड़ रुपए खर्च हुए।

उत्तराखंड में गंगा नदी के संरक्षण पर 10 वर्षों में 47 करोड़ रुपए खर्च किए गए, जबकि पश्चिम बंगाल में गंगा, दामोदर, महानंदा के संरक्षण पर इस अवधि में 264 करोड़ रुपए खर्च हुए।

प्राप्त जानकारी के अनुसार, सन् 2000 से 2010 के बीच देश के 20 राज्यों में नदियों के संरक्षण पर राष्ट्रीय नदी संरक्षण योजना के तहत 2607 करोड़ रुपए जारी किए गए। राष्ट्रीय नदी संरक्षण योजना के दायरे में 20 राज्यों की 38 नदियाँ आती हैं।

केंद्र में नई सरकार बनने के बाद गंगा के विषय पर मंत्रालय में अलग विभाग बना दिया गया। गंगा पर तैयार मापदंड अन्य नदियों पर भी लागू होंगे। पूरे देश के पर्यावरणविदों, जल संसाधन के क्षेत्र में काम करनेवाले लोगों, साधु-संतों, वैज्ञानिकों के समूहों एवं अन्य शिक्षाविदों को 'गंगा मंथन' कार्यक्रम से जोड़ा जाएगा।

स्वच्छ गंगा परियोजना

स्वच्छ गंगा परियोजना का आधिकारिक नाम एकीकृत गंगा संरक्षण मिशन परियोजना या 'नमामि गंगे' है। यह मूल रूप से प्रधानमंत्री नरेंद्र मोदी का ड्रीम मिशन है। प्रधानमंत्री बनने से पहले ही मोदी ने गंगा की सफाई को बहुत समर्थन दिया था। उन्होंने वादा किया था कि वह यदि सत्ता में आए तो वे जल्द-से-जल्द यह परियोजना शुरू करेंगे।

अपने वादे के अनुसार उन्होंने प्रधानमंत्री बनते ही कुछ महीनों में यह परियोजना शुरू कर दी। इस परियोजना ने उन्हें लाभ भी देना शुरू कर दिया। इसका सबूत उनकी अमेरिका यात्रा में देखने को मिला, जहाँ उन्हें क्लिंटन परिवार ने यह परियोजना शुरू करने पर बधाई दी। यह परियोजना तब खबरों में आई जब आर.एस.एस. ने इसकी निगरानी करने का निर्णय लिया और साथ ही विभिन्न कर लाभ निवेश योजनाओं की घोषणा सरकार ने की।

परियोजना क्यों शुरू की गई ?

जब केंद्रीय बजट सन् 2014-15 में 2,037 करोड़ रुपयों की आरंभिक राशि के साथ नमामि गंगे नाम की एकीकृत गंगा संरक्षण मिशन परियोजना शुरू की गई तब केंद्रीय वित्त मंत्री अरुण जेटली ने कहा था कि अब तक इस नदी की सफाई और संरक्षण पर बहुत बड़ी राशि खर्च की गई है, लेकिन गंगा नदी की हालत में कोई अंतर नहीं आया। इस परियोजना को शुरू करने का यह आधिकारिक कारण है। इसके अलावा कई सालों से अनुपचारित सीवेज और औद्योगिक अपशिष्ट को भारी मात्रा में नदी में छोड़े जाने के कारण नदी की खराब हालत को भी ध्यान में रखने की आवश्यकता है।

परियोजना कब पूरी होगी ?

कुछ दिन पहले सुप्रीम कोर्ट ने भारत सरकार से पूछा था कि स्वच्छ गंगा परियोजना कब पूरी होगी? सुप्रीम कोर्ट को जवाब में राष्ट्रीय प्रशासन ने कहा कि इस परियोजना को पूरा होने में 18 सालों का समय लगेगा। इस परियोजना की लंबाई और चौड़ाई को देखते हुए यह कोई असामान्य लक्ष्य नहीं है। यह परियोजना लगभग पूरे देश को कवर करती है, क्योंकि यह पूरे उत्तर भारत के साथ उत्तर-पश्चिम उत्तराखंड और पूर्व में पश्चिम बंगाल तक फैली है।

परियोजना का कवर क्षेत्र

भारत के पाँच राज्य उत्तराखंड, झारखंड, उत्तर प्रदेश, पश्चिम बंगाल और बिहार गंगा नदी के पथ में आते हैं। इसके अलावा सहायक नदियों के कारण यह हिमाचल प्रदेश, राजस्थान, हरियाणा, छत्तीसगढ़ और दिल्ली के कुछ हिस्सों को भी छूता है। इसलिए स्वच्छ गंगा परियोजना इन क्षेत्रों को भी अपने अंतर्गत लेती है। कुछ दिन पहले सुप्रीम कोर्ट ने भारत सरकार से पूछा था कि स्वच्छ गंगा परियोजना कब पूरी होगी? तब कहा गया था कि उन पाँच राज्य सरकारों की सहायता भी इस परियोजना को पूरी करने में जरूरी होगी। भारत सरकार ने कहा था कि लोगों में नदी की स्वच्छता को लेकर जागरूकता पैदा करना राज्य सरकारों का काम है।

स्वच्छ गंगा परियोजना के तथ्य

परियोजना की लागत—2037 करोड़ रुपए।

परियोजना में शामिल मंत्रालय—केंद्रीय जल संसाधन मंत्रालय, नदी विकास और गंगा कायाकल्प।

परियोजना का उद्‌देश्य—गंगा नदी की सफाई।

परियोजना प्रारंभ तिथि—जुलाई 2014।

परियोजना की अवधि—18 साल।

परियोजना का क्रियान्वयन

'नमामि गंगे' परियोजना कई चरणों में पूरी होगी। इसकी सटीक जानकारी तो नहीं है पर यह समझा जा सकता है कि सहायक नदियों की सफाई भी इसकी एक प्रमुख गतिविधि होगी। अधिकारियों को उन शहरों का भी प्रबंधन करना होगा जहाँ से यह नदी गुजरती है और औद्योगिक इकाइयाँ अपना अपशिष्ट और कचरा इसमें डालती हैं। इस परियोजना का एक प्रमुख भाग पर्यटन का विकास करना है, जिससे इस परियोजना हेतु धन जुटाया जा सके। अधिकारियों को इलाहाबाद से पश्चिम बंगाल के हल्दिया तक एक चैनल भी विकसित करना होगा, ताकि जल पर्यटन को बढ़ावा मिले।

परियोजना के प्रमुख मुद्‌दे

'नमामि गंगे' परियोजना का सबसे बड़ा मुद्‌दा नदी की लंबाई है। यह 2,500 किलोमीटर की दूरी कवर करने के साथ ही 29 बड़े शहर, 48 कस्बे और 23 छोटे शहर कवर करती है। इससे अलावा नदी का भारी प्रदूषण स्तर और औद्योगिक इकाइयों का अपशिष्ट और कचरा और आम जनता द्वारा डाला गया कचरा भी एक मुद्‌दा है।

परियोजना से जुड़े विवाद

स्वच्छ गंगा परियोजना से कई विवाद भी जुड़े हैं, जिसमें से एक इसे चलाने के लिए गठित पैनल के सदस्यों के बीच मतभेद होना है। इस कमेटी का

गठन जुलाई 2014 को विभिन्न विभागों के सचिवों के साथ किया गया था। इस परियोजना का एक प्रमुख मुद्दा इन क्षेत्रों में बढ़ती हुई आबादी से बाढ़ क्षेत्र वापस लेना है। इसके अलावा इनलैंड जलमार्ग के महत्त्व पर मतभेद भी एक मुद्दा है।

□

19

व्यक्तिगत स्वच्छता और स्वास्थ्य

''देश के राजनेताओं ने कभी भी शहरी गरीबों की स्थिति के बारे में चिंता नहीं की है। यही कारण है कि आज भारत में करोड़ों लोग नालों के इर्द-गिर्द रह रहे हैं, वे खुले में शौच करने को मजबूर हैं और चूँकि उन्हें साफ पानी की सुविधा भी नहीं मिलती, इसलिए वे खुद को स्वच्छ भी नहीं रख पाते। अगर किन्हीं बस्तियों में पाइप लाइन होती भी है तो वह सीधे तमाम कूड़े-करकट को बहाकर किसी नदी या जलाशय में ले जाती है।''

व्यक्तिगत स्वच्छता एवं स्वास्थ्य व्यक्ति को निम्न बातों में सहायता करता है—

1. एक अच्छा सुडौल शरीर बनाए रखने में।
2. मांसपेशियों में अच्छी शक्ति बनाए रखने में।
3. सुंदर, स्वच्छ एवं स्वस्थ मुख बनाए रखने में तथा दाँतों को नष्ट होने से बचाने में।
4. त्वचा को स्वस्थ रखने एवं रोगों से मुक्त रखने में।
5. आँख, कान एवं नाक को स्वस्थ एवं रोगों से मुक्त रखने में।
6. व्यक्ति में ऊर्जा (गरमी) शक्ति को बनाए रखने तथा कार्य क्षमता बढ़ाने में।

7. शरीर में रोगों के खिलाफ लड़ने की शक्ति को बनाए रखने तथा संक्रमण की रोकथाम करने में।

विभिन्न पहलू एवं कार्य

व्यक्तिगत स्वास्थ्य संवर्धन के लिए व्यक्ति को अपनी स्वास्थ्य एवं शारीरिक क्रिया संबंधी आवश्यकताओं की पूर्ति करनी होती है। ये आवश्यकताएँ हैं—शुद्ध वायु, शुद्ध जल, शुद्ध संतुलित आहार, शारीरिक स्वच्छता, शारीरिक परिश्रम, संक्रामक रोगों, दुर्घटनाओं एवं व्यावसायिक आपदाओं से बचाव, ज्ञानेंद्रियों—आँख, नाक, कान, त्वचा, जीभ आदि की सुरक्षा, मानसिक-सामाजिक कुरीतियों का त्याग व स्वच्छ पर्यावरण।

शुद्ध एवं स्वच्छ वायु व जल

वायु प्राणीमात्र के जीवन का आधार है तथा जीवन को बनाए रखने का प्रमुख साधन है। जीवन का दूसरा आधार शुद्ध स्वच्छ जल है। शुद्ध वायु व जल प्रकृति की अनुपम देन हैं, उनको दूषित होने से बचाना चाहिए। व्यक्तिगत रूप में हमें प्रातः-सायं खुले स्थानों में नियमित भ्रमण, बाग-बगीचे में विचरण करके पर्याप्त मात्रा में ऑक्सीजन प्राप्त करनी चाहिए, जो रक्त की शुद्धि हेतु आवश्यक है।

शुद्ध व स्वच्छ जल आँत व पेट संबंधी संक्रामक रोगों से बचाने के साथ हमारी शारीरिक आवश्यकताओं की पूर्ति भी करता है। सामान्यतः स्वस्थ व्यक्ति के लिए जल की दैनिक मात्रा लगभग 4 लीटर होती है। गरमी के मौसम में तथा गर्म पर्यावरण में काम करनेवाले व्यक्ति को उसकी अधिक आवश्यकता पड़ती है। जल स्वच्छ व सुरक्षित स्रोतों का ही उपयोग में लेना चाहिए।

स्वच्छ एवं संतुलित भोजन

स्वच्छ, सुरक्षित एवं संतुलित भोजन का सेवन भी स्वास्थ्य के लिए आवश्यक है। हमारे भोजन या आहार में वे सभी आवश्यक तत्त्व होने चाहिए जो शरीर को सुरक्षा प्रदान करें, ऊर्जा (गरमी) प्रदान करें तथा शारीरिक वृद्धि

एवं विकास में मदद करें।

शारीरिक स्वच्छता

व्यक्तिगत स्वच्छता एवं स्वास्थ्य के लिए शुद्ध जल, शुद्ध वायु, संतुलित आहार के साथ-साथ शारीरिक स्वच्छता पर नियमित रूप से ध्यान देना अति आवश्यक है। शरीर की बाहरी स्वच्छता में त्वचा, बाल, नाखुन, मुँह, मसूढ़ों, दाँत, जीभ, आँख, कान, नाक आदि की नियमित सफाई पर विशेष ध्यान देना जरूरी है।

त्वचा, बालों एवं नाखूनों की सफाई व देखभाल

त्वचा शरीर की सुरक्षा के साथ-साथ शरीर के गंदे पदार्थों को बाहर निकालती है। त्वचा शरीर का तापमान बनाए रखती है। पसीने के साथ निकलनेवाले गंदे पदार्थ त्वचा पर मैल के रूप में जमने लगते हैं एवं बाहर धूल, मिट्टी के कण त्वचा के छिद्रों को बंद कर देते हैं और पसीने के निकलने में रुकावट पैदा करते हैं। अत: त्वचा की नियमित सफाई करनी चाहिए, प्रतिदिन स्नान करना चाहिए, अन्यथा त्वचा से बदबू आएगी तथा सफाई के अभाव में बाहरी रोगाणुओं द्वारा फोड़े, फुँसी, दाद, खाज, खुजली आदि रोग, जुएँ शरीर में उत्पन्न हो जाएँगी। बालों को नियमित साफ रखना चाहिए। प्रतिदिन साफ कंघी करें जिससे जुएँ न हों।

याद रखें—

- प्रतिदिन साफ पानी से रगड़कर स्नान करें, स्नान के लिए उपयुक्त साबुन जिसमें क्षार की मात्रा कम हो, प्रयोग में लेना हितकर है।
- बालों को भी प्रतिदिन भली-भाँति धोना आवश्यक है, फिर सुखाकर कंघी करनी चाहिए।
- नहाने के बाद साफ तौलिए से या साफ कपड़े से शरीर को रगड़कर, पोंछकर सुखाकर स्वच्छ वस्त्र धारण करने चाहिए।
- निजी तौलिया काम में लेना चाहिए।

नाखूनों व हाथ की सफाई

नाखुनों से हम खुजलाते हैं, खुरचते हैं और अनेक कार्यों में इनका प्रयोग करते हैं, अतः हमें नाखूनों के नीचे कई प्रकार के अवांछनीय तत्त्व, मैल आदि जमा हो जाते हैं, जिनमें रोग उत्पन्न करनेवाले कीटाणु भी रहते हैं। जो मुँह द्वारा हमारे शरीर में प्रवेश कर हमें रोगग्रस्त कर सकते हैं, अतः नाखुनों की समुचित सफाई व कटाई आवश्यक है। हाथ भोजन व अन्य कार्यों में प्रयुक्त होते हैं। अतः हाथों को गंदे व दूषित होने से बचाने तथा रोगाणुओं को हाथों द्वारा भोजन के साथ पेट में पहुँचने से रोकने के लिए तथा शौच के बाद व भोजन से पूर्व, भोजन पकाने तथा परोसने के पूर्व हाथों को साबुन व साफ पानी से अवश्य भली प्रकार से धोना चाहिए। साबुन न मिलने पर हाथों को राख से भी धोया जा सकता है। मिट्टी का प्रयोग हाथों को धोने के लिए नहीं करना चाहिए।

मुँह की सफाई

प्रतिदिन उठने के बाद साफ पानी से हाथ-मुँह धोना, कुल्ला करना, ठंडे पानी से नेत्रों को छींटे लगाकर धोना ताजगी लाता है तथा सुस्ती दूर करता है। शौचादि से निवृत्त होने के बाद दाँतों, मसूढ़ों व जीभ की समुचित सफाई करना जरूरी है।

दाँत में तकलीफ आज आम बात हो गई है। यदि जरा सी सावधानी बरती जाए तो दाँत बुढ़ापे में भी स्वस्थ रखे जा सकते हैं। दाँतों की सफाई के लिए अच्छे ब्रुश या दातुन का प्रयोग हितकर है। ब्रुश के साथ अच्छा दंत पाउडर या पेस्ट प्रयोग करना उचित है। दंत-मंजन व दाँतों की सफाई प्रातः व भोजन के पश्चात् करना आवश्यक है। ऐसा करने से भोजन के कण दाँतों में फँसे नहीं रहकर सड़न पैदा होने से रोकते हैं।

अधिक मीठा खाते रहने व दाँतों की सफाई नहीं करने से मीठे कण दाँतों में फँसे रह जाते हैं, जिससे दाँतों में कीड़ा लगने की संभावना बढ़ जाती है। दाँतों की मजबूती के लिए कैल्शियम एवं विटामिन सी वाले पदार्थ, जैसे—दूध, मूली, गाजर, बंदगोभी, हरे पत्तेवाली सब्जियाँ, आँवला, नीबू, टमाटर आदि का प्रतिदिन सेवन करना चाहिए। रेत, कोयले का चूरा या राख से दाँत साफ नहीं

करने चाहिए अन्यथा दाँतों की ऊपरी परत जल्द नष्ट हो जाएगी तथा मसूढ़े आदि छिल जाएँगे। पान, सुपारी के साथ तंबाकू, गुटके आदि दाँत व मसूढ़ों के लिए घातक हैं, इनका सेवन नहीं करना चाहिए।

आँख, नाक, कान और गले की देखभाल

आँखों की समुचित सफाई, धूल, धूप, धुएँ व तेज प्रकाश तथा मक्खियों से आँखों का बचाव आवश्यक है। आँखों की सफाई के लिए निजी स्वच्छ रूमाल तथा स्वच्छ पानी प्रयोग में लेना चाहिए। कम रोशनी या तेज प्रकाश में तथा पुस्तक को बहुत निकट रखकर पढ़ना, सोते-सोते पढ़ना, चलती गाड़ी या ट्रेन में पढ़ना आँखों को कमजोर बनाता है। आँखों की निकट व दूर की दृष्टि जाँच नेत्र चिकित्सक से नियमित रूप से कराकर चिकित्सक की सलाह अनुसार चश्मा आदि लेना चाहिए। तेज धूप एवं धूल से बचने के लिए धूप चश्मे का प्रयोग लाभदायक है।

घर में धुएँरहित चूल्हे का प्रयोग करना चाहिए। प्रचलित आँखों के रोगों का उपचार नेत्र चिकित्सक से कराना चाहिए। आँखों के लिए विटामिन ए युक्त खाद्य पदार्थ—गाजर, आम, पपीता, पत्तेदार सब्जियाँ, पीले फल, दूध, मक्खन, घी आदि का प्रयोग करना चाहिए। नाक, कान, गले का पारस्परिक संबंध जुड़ा हुआ है, यदि नाक व गले में कोई संक्रमण हो तो वह कान के भीतरी भाग में भी पहुँच सकता है। इसलिए कान की सफाई पर विशेष ध्यान देना चाहिए। कान से मैल निकालने के लिए नुकीली वस्तु का प्रयोग नहीं करना चाहिए। भीड़ भरे स्थानों व शोरगुल से दूर रहना चाहिए। नाक की सफाई हेतु स्वच्छ रूमाल का प्रयोग करना चाहिए। इधर-उधर नहीं थूकना चाहिए।

नशीली वस्तुओं का त्याग

मनुष्य को चिंता, क्रोध, दुःख, घबराहट, जल्दबाजी आदि से बचते हुए समाज से अच्छा व्यवहार करना चाहिए। ईर्ष्या, जलन, कुढ़न, चुगली, चापलूसी से मनुष्य को बचना चाहिए।

मादक वस्तुओं के सेवन से अवश्य बचना चाहिए। ये सब स्वास्थ्य के

लिए घातक हैं। इनके सेवन से मानसिक स्थिति डाँवाँडोल हो जाती है। अतः इन वस्तुओं का सेवन नहीं करना चाहिए तथा सामाजिक कुरीतियों का भी मानव को त्याग करना चाहिए। कहा गया है कि स्वास्थ्य को खरीदा नहीं जा सकता, व्यक्तिगत स्वास्थ्य के नियमों का पालन करके ही स्वस्थ रहा जा सकता है।

□

20

स्वच्छता की संस्कृति का अभाव

"एक स्वच्छ भारत का निर्माण तब तक नहीं किया जा सकता, जब तक शहरों में एक आधुनिक सीवरेज प्रणाली और हर गाँव-कस्बे में पाइप के जरिए जलप्रदाय की प्रणाली विकसित नहीं की जाती। इस बुनियादी ढाँचे का निर्माण किए बिना हर हफ्ते सड़कों पर झाड़ू लगा देने या टॉयलेट्स का निर्माण करवा देने भर से ज्यादा कुछ नहीं होगा।"

गांधीजी द्वारा स्वच्छता और सफाई के प्रति हमारा ध्यान आकर्षित किए जाने के बावजूद आज सौ वर्षों बाद भी भारत में बहुत थोड़ा ही बदलाव आया है। हमारे धार्मिक स्थानों अथवा तीर्थस्थलों की हालत का बयान गांधीजी ने किया है, "अब कोई भी कल्पना कर सकता है कि हम भारतीय कितनी गंदगी अथवा अपवित्रता में रहते होंगे। यह भी कि हम गंदगी की कितनी कम परवाह करते हैं और हर ओर इसे फैलाने के प्रति उदारभाव रखते हैं।"

वास्तव में गंदगी फैलाना और कहीं भी थूक देना हमारी आदत में शुमार हो चुका है। हमारी सड़कें खुले गंदगी के स्थान में तब्दील हो चुकी हैं और पार्कों की हालत भी कुछ ऐसी ही है। हमारे देश में स्वच्छता की कभी भी प्राथमिकता नहीं रही और इस हेतु धन का अभाव भी एक प्रमुख समस्या है। हमारी इस समस्या के मूल में स्वच्छता की संस्कृति का अभाव मुख्य है।

यह भी कम हास्यास्पद नहीं है कि जो लोग हमारे आवास के चारों तरफ

साफ-सफाई रखने का काम करते हैं, वे खुद बहुत गंदगी में रहते हैं। कुल मिलाकर न केवल हमारे अपने जीवन में गंदगी और अपवित्रता होती है, बल्कि ऐसे मामलों में बहुत उदार रुख रखते हैं। सार्वजनिक जगहों पर मूत्र करना, खुले में शौच जाना, गंदगी, कूड़ा फैलाना और अपवित्रता जैसी चीजें शायद ही किसी की नजरों में न आती हों। इसे आप होटल, हॉस्पिटल, घरों, कार्यस्थलों, ट्रेनों, हवाईजहाजों और यहाँ तक कि धार्मिक स्थलों में भी देख सकते हैं।

इसे विडंबना ही कहेंगे कि जहाँ कुछ देश, समाज और लोग स्वच्छता पर बहुत ज्यादा ध्यान देते हैं वहीं कहीं पर बिलकुल भी ध्यान नहीं दिया जाता है। नॉर्वे के ओस्लो में लोगों की रोचक आदत है। यह शहर अपने कूड़े से ऊष्मा और बिजली पैदा करता है। इस प्रक्रिया में यह देश इतना माहिर हो चुका है कि यहाँ कूड़े की किल्लत पैदा हो गई है। जरूरत पूरी करने के लिए इसे कूड़ा ब्रिटेन सहित अन्य जगहों से आयात करना पड़ रहा है। कई उत्तरी यूरोपीय देशों में भी ऐसा ही होता है। हममें से अधिकांश लोग गंदगी के लिए सरकारी एजेंसियों को दोष देते हैं। दोषारोपण एक राष्ट्रीय प्रवृत्ति बन गई है। एक ओर जहाँ कमजोर कानून हैं तो दूसरी ओर इनका क्रियान्वयन और भी अधिक लचर है। अपनी जवाबदेही को लेकर किसी को भी कानून का डर नहीं है।

गांधीजी सोचते थे कि जाति-व्यवस्था से बगैर लड़े सफाई के काम को कलंक-मुक्त किया जा सकता है, लेकिन हमें गांधी की इस सोच से किनारा करते हुए, इस मामले में अंबेडकर की सीख पर चलना होगा। सफाई के काम को कलंक-मुक्त करने के लिए जाति-व्यवस्था में गड़ी इसके नाभिनाल को तोड़ना होगा। इसके लिए जरूरी है कि परंपरागत तौर पर साफ-सफाई के काम में लगे जाति-समुदाय की नई पीढ़ियों को बेहतरीन शिक्षा और रोजगार के अवसर हासिल हों। इसके अतिरिक्त सफाई कर्मचारियों के कामकाज की स्थिति पर ध्यान देना राष्ट्र की प्राथमिकताओं में शामिल किया जाना चाहिए। देश भर में सफाई कर्मचारियों को ठेके या फिर अस्थायी किस्म की नौकरी पर रखने का चलन है। उन्हें मेहनताना कम मिलता है और नौकरी से जुड़ी कोई सुरक्षा हासिल नहीं रहती। सीवरों की सफाई करनेवालों की दयनीय स्थिति राष्ट्रीय शर्म की बात है।

काम के लिए जिस किस्म के सुरक्षा-उपकरण अग्निशामक दस्ते में शामिल लोगों को दिए जाते हैं, वैसे ही उपकरण सीवरों की सफाई करनेवालों को दिए जाने चाहिए। मैला ढोने और हाथ से साफ करने की प्रथा फौरन पेशतर खत्म की जानी चाहिए।

स्वच्छ जीवनशैली जरूरी

आधुनिक सभ्यता ने हमारे पर्यावरण को सबसे ज्यादा नुकसान पहुँचाने का काम किया है। आज थर्मोकोल, प्लास्टिक आदि हमारे जीवन का अहम हिस्सा बन गए हैं। इन कचरों की औसत आयु 10 लाख वर्ष होती है। दूसरी तरफ इलेक्ट्रॉनिक कचरा भी बढ़ता जा रहा है। देश में कुल कचरे में चालीस प्रतिशत सिर्फ कागज का कचरा होता है। एक किलो कागज बनाने में 24 पेड़ों की आवश्यकता होती है और अत्यधिक मात्रा में पानी की खपत भी की जाती है।

स्वच्छता का अभाव एवं पर्यावरण पर मँडराते खतरे आज विश्व की सबसे बड़ी समस्याओं में हैं। लगातार बढ़ती जा रही जनसंख्या से पर्यावरण को बचाना एक बड़ी चुनौती है। क्योंकि हमारे प्राकृतिक संसाधन सिमटते जा रहे हैं और हमारी उपभोग की इच्छाएँ बढ़ती जा रही हैं। इस उपभोगवादी संस्कृति के चलन ने हमें आस-पास के पर्यावरण और स्वच्छता संबंधी बातों से दूर कर दिया है। हम आज सिर्फ इस्तेमाल की संस्कृति का निर्माण कर रहे हैं। इस विषम परिस्थिति से कैसे बचा जाए? इसके लिए क्या ठोस उपाय किए जाएँ ताकि स्वच्छता हमारी जीवनशैली बन सके और पर्यावरण पर मँडराते खतरे को टाला जा सके? इन सवालों का समाधान खोजने की जरूरत है।

लगातार बढ़ रहे शहरीकरण ने कई तरह की समस्याओं को जन्म दिया है। ज्यादातर शहरों का विकास नदियों और समुद्रों के किनारे हुआ। साथ-साथ कल-कारखानों के दूषित अवसादों के निकासी का सबसे बड़ा जरिया नदियों को बना दिया गया है, जिससे पीने का पानी दूषित हुआ है। जिसने कई तरह की बीमारियों को जन्म देने का काम किया है।

लोगों में यह धारणा है कि शौच हम करें और सफाई सरकार करे, कचरा

हम फैलाएँ और सफाई का काम सरकार करे। इस स्थिति को बदलने की आवश्यकता है।

विदेशों में जुरमाना

परदेस में भी ऐसी संस्कृति है, लेकिन सख्त नियमों को धता देना दोषी के लिए मुश्किल होता है। न्यूयॉर्क में पेशाब करते पकड़े जाने पर सौ से 500 डॉलर तक जुर्माना हो सकता है। कैलीफोर्निया में 270 डॉलर, शिकागो और टेक्सास में यह अर्थदंड 100-500 डॉलर के बीच है। ब्रिटेन, फ्रांस, पोलैंड, जर्मनी और नीदरलैंड्स में भी सार्वजनिक स्थलों पर पेशाब करने और कूड़ा फेंकने पर पूर्ण प्रतिबंध है।

□

21

स्वच्छ भारत अभियान

"झाड़ू को लक्ष्मीजी के बराबर व लक्ष्मी माता ही माना गया है। इसका सीधा सा कारण है, वह यह कि आप झाड़ू लगाएँगे तो कचरा साफ होगा। कचरे के साफ होने से मच्छर-मक्खी व जीवाणु-वायरस नहीं होंगे। इनके नहीं होने से आप बीमार नहीं पड़ेंगे। बीमार नहीं पड़ने से आपको डॉक्टर के पास नहीं जाना पड़ेगा। जब आप डॉक्टर के पास नहीं जाएँगे तो आपको फीस व दवा-गोली का खर्च वहन नहीं करना पड़ेगा। जब ये खर्च नहीं होंगे तो आपके पैसों (यानी लक्ष्मी) की बचत होगी। तो इस प्रकार झाड़ू (माता) लक्ष्मी हुई कि नहीं? हुई ना? तो यह है झाड़ू को लक्ष्मी माता मानने का धार्मिक व आध्यात्मिक रहस्य।"

प्रधानमंत्री नरेंद्र मोदी ने महात्मा गांधी की जयंती पर (2 अक्तूबर, 2014) अपने ड्रीम प्रोजेक्ट 'स्वच्छ भारत अभियान' की शुरुआत की। स्वच्छ भारत अभियान या 'क्लीन इंडिया केंपेन' देश का सबसे बड़ा स्वच्छता अभियान है। प्रधानमंत्री ने हर भारतीय से इस मिशन में शामिल होकर इसे सफल बनाने की अपील की है।

इस अभियान को क्यों शुरू किया गया ?

यह कहते हुए बड़ा दु:ख होता है कि देश में लोगों का खुले में शौच

करना एक बड़ी समस्या है। भारत में 72 प्रतिशत से ज्यादा ग्रामीण लोग शौच के लिए झाड़ियों के पीछे, खेतों में या सड़क के किनारे जाते हैं। इससे अन्य कई समस्याएँ उत्पन्न होती हैं, जैसे—बच्चों की असमय मौत, संक्रमण और बीमारियों का फैलना और सबसे अहम सुनसान स्थान पर शौच के लिए गई युवतियों का उत्पीड़न। भारत की आबादी 1.2 अरब है और उसमें से करीब 60 करोड़ लोग या 55 प्रतिशत के पास शौचालय नहीं हैं। उन ग्रामीण इलाकों में जहाँ शौचालय हैं वहाँ पानी की उपलब्धता नहीं है। शहरों में झुग्गी में रहनेवालों के पास न तो पानी की आपूर्ति है, न शौचालय की सुविधा।

भारत के ग्रामीण क्षेत्रों में स्वच्छता संबंधी और खुले में शौच की इस गंभीर समस्या को ध्यान में रखकर यू.पी.ए. सरकार ने सन् 1999 में निर्मल भारत अभियान शुरू किया था। इस अभियान में सन् 2012 तक सार्वभौमिक घरेलू स्वच्छता का लक्ष्य स्थापित किया गया। यह सन् 1991 में शुरू किए गए टोटल सेनिटेशन कैंपेन का अभिन्न हिस्सा था। हालाँकि निर्मल भारत अभियान अपने लक्ष्य को हासिल न कर सका। निर्मल भारत अभियान को वर्तमान सरकार ने स्वच्छ भारत अभियान में बदलकर पेश किया है। इसका लक्ष्य भारत में खुले में शौच की समस्या को रोकना, हर घर में शौचालयों का निर्माण करना, पानी की आपूर्ति करना और ठोस और तरल कचरे का उचित तरीके से खात्मा करना है। इस अभियान में सड़कों और फुटपाथों की सफाई, अनाधिकृत क्षेत्रों से अतिक्रमण हटाना शामिल हैं। इस सबके अलावा इस अभियान में लोगों को स्वच्छता के प्रति जागरूक करना भी शामिल है।

यह कब पूरा होगा?

भारत सरकार ने राजनीतिक दलों, गैर-सरकारी संगठनों, निगमों और सक्रिय लोगों की भागीदारी से स्वच्छ भारत अभियान को सन् 2019 तक पूरा करने का लक्ष्य रखा है। महात्मा गांधी ने हमेशा स्वच्छता पर जोर दिया। उनका कहना था कि स्वच्छता स्वतंत्रता से ज्यादा जरूरी है। वे भारत को स्वच्छ भारत के तौर पर देखना चाहते थे। वे ग्रामीण लोगों की दयनीय हालत से पूरी तरह वाकिफ थे। भारत की आजादी को 67 साल हो गए पर अब भी देश की आधी

से ज्यादा आबादी के पास उचित शौचालय नहीं है। इस तथ्य को ध्यान में रखकर भारत सरकार महात्मा गांधी के इस सपने को पूरा करना चाहती है और देश को सन् 2019 तक साफ करना चाहती है। सन् 2019 में महात्मा गांधी की 150वीं जयंती है।

सरकार के प्रयास

स्वच्छ भारत अभियान को सही तरीके से लागू करने के लिए 19 सदस्यीय विशेषज्ञ समिति बनाई गई है। इस समिति के अध्यक्ष वैज्ञानिक रघुनाथ अनंत माशेलकर हैं। माशेलकर वैज्ञानिक और औद्योगिक अनुसंधान परिषद् के पूर्व महानिदेशक हैं। समिति विभिन्न राज्यों में स्वच्छता और पानी की सुविधा देने के सबसे श्रेष्ठ और आधुनिक तरीकों पर सुझाव देगी। यह सुझाव सस्ते, टिकाऊ और उपयोगी होंगे। 2 अक्तूबर, 2014 को जब पी.एम. ने यह अभियान शुरू किया तब उनके साथ पार्टी अधिकारी, बॉलीवुड कलाकार, हजारों सरकारी कर्मचारी, स्कूल और कॉलेज के छात्र थे। प्रधानमंत्री को उनके कैबिनेट मंत्रियों का भी भरपूर सहयोग मिला। इसे जन-आंदोलन बनाने के लिए उन्होंने नौ लोगों को सफाई की चुनौती लेने के लिए नामांकित किया। इन नौ लोगों को और नौ लोगों को यह चुनौती देनी होगी। इस प्रकार इससे लोग जुड़ते जाएँगे। इन लोगों ने इस चुनौती को स्वीकार किया है और अन्य लोगों से जुड़ने की अपील की।

इस मुहिम में कुछ राज्यों ने भी भाग लिया है और कई अन्य कार्यक्रम और योजनाएँ इस अभियान को सफल बनाने के लिए तैयार की जा रही हैं।

परियोजना का क्रियान्वयन

स्वच्छ भारत अभियान के दो उप अभियान हैं—

1. स्वच्छ भारत अभियान ग्रामीण
2. स्वच्छ भारत अभियान शहरी

इन दो उप अभियानों के लिए पेयजल और स्वच्छता और ग्रामीण विकास के मंत्रालय ग्रामीण इलाकों में इसकी जिम्मेदारी लेंगे और शहरी

विकास मंत्रालय शहरों में इस मिशन की देखभाल करेगा।

स्वच्छ भारत अभियान के तहत ग्रामीण इलाकों में ग्रामीण विकास मंत्रालय हर गाँव को अगले पाँच सालों तक हर साल 20 लाख रुपए देगा। इस अभियान के तहत सरकार ने हर परिवार में व्यक्तिगत शौचालय की लागत 12,000 रुपए तय की है, ताकि सफाई, नहाने और कपड़े धोने के लिए पर्याप्त पानी की आपूर्ति की जा सके। अनुमान के मुताबिक पेयजल और स्वच्छता मंत्रालय द्वारा इस अभियान पर 1,34,000 करोड़ रुपए खर्च किए जाएँगे।

स्वच्छ भारत अभियान के लिए शहरी क्षेत्र में हर घर में शौचालय बनाने, सामुदायिक और सार्वजनिक शौचालय बनाने, ठोस कचरे का उचित प्रबंधन करने और 4,041 वैधानिक कस्बों के 1.04 करोड़ घरों को इसमें शामिल करने का लक्ष्य है। इसमें सार्वजनिक शौचालय की दो लाख से ज्यादा सीट, सामुदायिक शौचालय की दो लाख से ज्यादा सीट मुहैया कराने और हर कस्बे में ठोस कचरे का उचित प्रबंधन करना शामिल है। वह कुछ क्षेत्र जिनमें घरेलू शौचालय बनाने में समस्या है वहाँ सामुदायिक शौचालय बनाए जाएँगे। आम स्थानों, जैसे—बाजार, बस अड्डे, रेलवे स्टेशन के पास, पर्यटक स्थलों पर और सार्वजनिक मनोरंजन स्थलों पर सार्वजनिक शौचालय की सुविधा दी जाएगी।

शहरी विकास मंत्रालय ने इस मिशन के लिए 62,000 करोड़ रुपए आवंटित किए हैं।

पूरी परियोजना की अनुमानित लागत 1,96,009 करोड़ रुपए है। इस राशि से देश में 12 करोड़ शौचालय बनाए जाएँगे। ग्रामीण और शहरी विकास मंत्रालयों ने धर्मगुरुओं और समूहों से भी स्वच्छ भारत अभियान में शामिल होने का अनुरोध किया है।

स्वच्छ भारत अभियान के प्रमुख मुद्दे

केंद्रीय प्रदूषण नियंत्रण बोर्ड के अनुसार शहरी भारत में हर साल 4.7 करोड़ टन ठोस कचरा उत्पन्न होता है। इसके अलावा यह भी बताया गया है कि 75 प्रतिशत से ज्यादा सीवेज का निपटारा नहीं होता है। ठोस कचरे की रिसाइकलिंग भी एक बड़ी समस्या है। भविष्य में बड़ी समस्या से बचने के

लिए इन मुद्दों का निपटारा आज किया जाना जरूरी है।

ग्रामीण भारत में साफ-सफाई की कमी एक बड़ी चुनौती है।

एक अन्य बड़ी चुनौती लोगों की सोच बदलना है। हमारे देश के लोग सड़क पर कचरा न फेंकना कब सीखेंगे? या लोग खुद को और अपने इलाके को साफ रखना कब सीखेंगे?

स्वच्छता की कमी की समस्या इतनी विकराल है कि सन् 2019 तक का प्रधानमंत्री का लक्ष्य पूरा हो पाएगा, इसका आश्चर्य होता है ?

विवाद

प्रधानमंत्री के स्वच्छ भारत अभियान को देश और विदेशों में सराहा गया है, पर इससे कुछ विवाद भी जुड़े हैं। इससे मिलते-जुलते अभियान पहले भी शुरू किए गए पर वह सफल नहीं हुए, जैसे उदाहरण के तौर पर निर्मल भारत अभियान। विवाद इसलिए भी उठा क्योंकि स्वच्छ भारत अभियान यू.पी.ए. निर्मल भारत अभियान जैसा ही है। उस समय भी बहुत धन उसमें लगाया गया था। उससे क्या हासिल हुआ? वह सारा पैसा कहाँ गया?

सच तो यह है कि ऐसे अभियान पर विवाद पैदा नहीं होने चाहिए। इसीलिए प्रधानमंत्री नरेंद्र मोदी ने स्वच्छ भारत अभियान को राजनीति से परे और देशभक्ति से प्रेरित बताया था।

निष्कर्ष

सिर्फ अभियान शुरू करना ही काफी नहीं है, परिणाम मायने रखता है। सिर्फ सरकार इसे सफल नहीं बना सकती, लोगों की भागीदारी सबसे जरूरी है। इस कार्यक्रम के लिए विस्तृत ब्लू प्रिंट बनाना जरूरी है। समग्र तरीके से स्वच्छ भारत अभियान को लागू करने, सरकार और लोगों के प्रयासों से आनेवाले सालों में भारत अवश्य एक स्वच्छ देश बन सकता है।

परियोजना का लक्ष्य

भारत को पाँच सालों में गंदगी से मुक्त देश बनाना। ग्रामीण और शहरी

इलाकों में सामुदायिक और सार्वजनिक शौचालय बनाना और पानी की आपूर्ति करना। सड़कें, फुटपाथ और बस्तियाँ साफ रखना और अपशिष्ट जल को स्वच्छ करना।

आजादी के 64 वर्ष बाद भी देश की बड़ी आबादी खुले में शौच करती है, जो कि वाकई में चिंता का विषय है। शौचालयों की कमी उनके संचालन और रखरखाव के अभाव के कारण हालात नहीं सुधर रहे हैं। ऐसा नहीं है कि शौचालय बनाने की दिशा में अभी तक कोई कार्य नहीं किया गया, लेकिन यह कार्य बेहद धीमी गति से हुआ और जो हुआ, वह भी गुणवत्ता या रखरखाव में कमी या संचालन के अभाव के कारण लोगों के जीवन-स्तर में उतना परिवर्तन नहीं ला पाया, जितना कि इतने वर्षों में आना चाहिए था।

सन् 2011 की जनगणना के अनुसार भारत की जनसंख्या 1.21 अरब है, यानी विश्व की कुल जनसंख्या का छठा हिस्सा हमारे भारत में रहता है। भारत की करीब 72.2 प्रतिशत जनसंख्या 6,38,000 गाँवों में रहती है, जहाँ 16.78 करोड़ परिवार हैं। इनमें से केवल 5.48 करोड़ परिवारों (32.7 प्रतिशत) की शौचालयों तक पहुँच है, यानी देश के 67.3 प्रतिशत ग्रामीण परिवारों तक अभी स्वच्छता सुविधाएँ नहीं पहुँची हैं। सन् 2012-13 के बेसलाइन सर्वेक्षण के अनुसार 40.35 प्रतिशत ग्रामीण परिवारों की शौचालयों तक पहुँच हो गई है।

प्रधानमंत्री नरेंद्र मोदी ने स्वतंत्रता दिवस (15 अगस्त, 2014) को दिए अपने भाषण में देश में स्वच्छता की स्थिति पर अप्रसन्नता व्यक्त की थी और यह भी निर्देश दिया कि 15 अगस्त, 2015 तक देश के सभी स्कूलों में लड़कों और लड़कियों के लिए अलग शौचालय बनने चाहिए। प्रधानमंत्री ने स्वच्छ भारत को एक जन-आंदोलन बनाने और इसे आर्थिक गतिविधियों से जोड़ने का आह्वान किया। प्रधानमंत्री ने कहा कि हर नागरिक स्वच्छता के लिए एक साल में सौ घंटे का योगदान करने की शपथ ले।

स्वच्छ भारत अभियान को व्यक्तिगत, कल्सटर और सामुदायिक शौचालय बनाकर पूरा किया जाएगा। साथ ही ग्राम पंचायतों के जरिए ठोस एवं तरल अपशिष्ट प्रबंधन किया जाएगा और गाँवों को साफ-सुथरा बनाया जाएगा। सन् 2019 तक सभी गाँवों तक पानी की पाइप लाइनें बिछाई जाएँगी और माँग पर

घरों में नल भी लगाए जाएँगे। यह लक्ष्य सभी मंत्रालयों के आपसी समन्वय एवं सहयोग से केंद्रीय तथा राज्य योजनाओं, सी.एस.आर. और द्विपक्षीय और बहुपक्षीय सहयोग के साथ-साथ वित्त पोषण के नए अभिनव तरीकों के जरिए हासिल किया जाएगा।

प्रधानमंत्री ने सफाई के प्रति प्रशासन के दृष्टिकोण में भी परिवर्तन लाए जाने का आह्वान किया। उन्होंने कहा कि स्वच्छता का अनुसरण आर्थिक गतिविधि हो सकता है, जिससे सकल घरेलू उत्पाद के विकास में योगदान मिलेगा, स्वास्थ्य देखभाल की लागत में कमी आएगी और रोजगार के साधन बढ़ेंगे। स्वच्छता को पर्यटन और भारत में वैश्विक हितों से जोड़ते हुए उन्होंने कहा कि भारत के 50 शीर्ष पर्यटन स्थलों की सफाई और स्वच्छता को विश्व स्तर पर लाए जाने की आवश्यकता है, ताकि भारत के बारे में वैश्विक धारणा में मिसाल बननेवाला बदलाव लाया जा सके।

प्रधानमंत्री ने पूरे देश के 500 शहरों और कस्बों में जन-निजी भागीदारी के माध्यम से ठोस अपशिष्ट प्रबंधन और अपशिष्ट जल प्रबंधन के अपने दृष्टिकोण को दोहराया।

सरकार ने घरेलू शौचालयों के लिए राशि 10,000 रुपए से बढ़ाकर 15,000 रुपए की जाएगी, स्कूल शौचालयों के लिए 35,000 रुपए की जगह 54,000 रुपए दिए जाएँगे। इसी तरह आँगनबाड़ी शौचालयों के लिए 8000 रुपए की जगह 20,000 रुपए दिए जाएँगे तथा सामुदायिक स्वच्छता परिसरों के लिए 2 लाख रुपए की जगह 6 लाख रुपए देने का प्रस्ताव है। ग्रामीण इलाकों में शौचालय बनाने के काम को मनरेगा से अलग करने का भी प्रस्ताव है। सरकार ने समाज के सभी वर्गों से सहयोग माँगा ताकि अगले साढ़े चार वर्षों में भारत को गंदगीमुक्त बनाने के लक्ष्य को हासिल किया जा सके।

स्वच्छ भारत अभियान के लक्ष्य को प्राप्त करने के लिए ढाँचागत सुविधाएँ उपलब्ध कराने के साथ-साथ लोगों की सोच में बदलाव लाना बेहद जरूरी है। गाँवों में लोग शौचालय होते हुए भी खुले में शौच करना पसंद करते हैं। ऐसे में सबसे बड़ी चुनौती ग्रामीण लोगों के व्यवहार में बदलाव लाने की है। ग्रामीणों को शौचालय के इस्तेमाल के फायदों को बताकर ही उनका व्यवहार बदला जा

सकता है। इसके लिए अंतर्वैयक्तिक संचार पर फोकस किया जाएगा। छात्रों, आशा कार्यकर्ताओं, आँगनबाड़ी कार्यकर्ताओं, डॉक्टरों, अध्यापकों और ब्लॉक समन्वयकों के जरिए यह कार्य किया जाएगा। घर-घर जाकर लोगों को इस बारे में जागरूक किया जाएगा। टी.वी., रेडियो, डिजिटल सिनेमा, कठपुतली नाच और स्थानीय लोकनाटकों और लोकनृत्यों के जरिए भी लोगों को शौचालयों के इस्तेमाल के बारे में जागरूक करने की योजना है, ताकि लोगों की सोच को बदला जा सके, चूँकि उसी में भारत स्वच्छता अभियान की सफलता निहित है।

स्वयं से करें शुरुआत

जहाँ तक साफ-स्वच्छता की बात है, उसकी शुरुआत स्वयं से ही करनी चाहिए। दूसरों से यह अपेक्षा करना कि वह करेगा, तब मैं भी करूँगा, यह गलत मानसिकता है। यह स्मरण रखा जाना चाहिए कि दूसरे आपके कहने पर नहीं चलेंगे, क्योंकि हर व्यक्ति का अलग-अलग व्यक्तित्व व सोचने-समझने का ढंग होता है। आप किसी को बाध्य नहीं कर सकते हैं, हाँ, प्रेरित जरूर कर सकते हैं। स्वच्छता किसे अच्छी नहीं लगती? हर कोई चाहता है कि मेरा घर व आस-पास का परिवेश साफ-सुथरा बना रहे। जब हम अपने आस-पास का वातावरण साफ-सुथरा रखना चाहते हैं तो हमें अपने से ही शुरुआत करनी होगी। विदेशों के अनेक उदाहरण दिए जाते रहे हैं कि वहाँ बहुत ही साफ-सफाई रहती है, लेकिन हम दुनिया के सबसे बड़े धार्मिक व आध्यात्मिक देश को गंदा करने से बाज नहीं आते? ये दोहरा आचरण क्यों?

रेलवे स्टेशन व बस स्टैंड को रखें साफ-सुथरा

रेलवे स्टेशन व बस स्टैंडों पर हजारों यात्रियों की आवाजाही होती है, लेकिन वहाँ पर व्याप्त गंदगी देखकर सिर चकरा जाता है। जहाँ-तहाँ पड़े पॉलिथीन-कागज के टुकड़े, खाद्य व जूठन सामग्री, पानी की बोतलें तथा ट्रेन से गिरी हुई गंदगी के कारण बड़ा ही बदबूदार व घृणित दृश्य पैदा होता है। स्टेशन पर गाड़ी के खड़े रहने पर प्रसाधनगृह के इस्तेमाल की मनाही है, फिर भी लोग अपनी आदत से बाज नहीं आते हैं। हमें यहाँ यह प्रयास करना चाहिए

कि कागज व पॉलिथीन तथा अन्य कचरा सामग्री डस्टबिन के हवाले किया जाए, ताकि इधर-उधर गंदगी न फैले।

जहाँ गंदगी, वहाँ बीमारी

जहाँ-जहाँ भी गंदगी होती है, वहाँ-वहाँ बीमारी का साम्राज्य बना रहता है। गंदगी के कारण मलेरिया, टाइफाइड, पीलिया, हैजा, डेंगू, बुखार आदि बीमारियाँ होती हैं। गंदी बस्ती में रहनेवालों को इन बीमारियों का बारह मास ही सामना करना पड़ता है। इसका समुचित तरीके से निष्पादन किया जाए तो बीमारियों को काफी हद तक रोका जा सकता है। बीमारियों का प्रमुख कारण मच्छरों की उत्पत्ति, वायरस, बैक्टीरिया, फफूँद आदि का पनपना है। तंदुरुस्ती को हजार नियामत कहा गया है। यह तभी संभव है जबकि आप साफ-सफाई पर विशेष ध्यान देंगे।

झाड़ू है लक्ष्मी माता

हर साल दीपावली पर माता लक्ष्मी की पूजा के साथ ही झाड़ू की भी पूजा की जाती है। इसका गहरा धार्मिक व आध्यात्मिक रहस्य है। झाड़ू को लक्ष्मीजी के बराबर व लक्ष्मी माता ही माना गया है। इसका क्या कारण है? तो इसका सीधा सा कारण है। वह यह कि आप झाड़ू लगाएँगे तो कचरा साफ होगा। कचरे के साफ होने से मच्छर-मक्खी व जीवाणु-वायरस नहीं होंगे। इनके नहीं होने से आप बीमार नहीं पड़ेंगे। बीमार नहीं पड़ने से आपको डॉक्टर के पास नहीं जाना पड़ेगा। जब आप डॉक्टर के पास नहीं जाएँगे तो आपको फीस व दवा-गोली का खर्च वहन नहीं करना पड़ेगा। जब ये खर्च नहीं होंगे तो आपके पैसों (यानी लक्ष्मी) की बचत होगी। तो इस प्रकार झाड़ू (माता) लक्ष्मी हुई कि नहीं? हुई न? तो यह है झाड़ू को 'लक्ष्मी माता' मानने का धार्मिक व आध्यात्मिक रहस्य।

ये (बे) कारवाले

आप और हम सबने अकसर देखा होगा कि कुछेक कारवाले केला

खाकर छिलका खिड़की के रास्ते सड़क के हवाले कर दिया करते हैं। इससे किसी के भी फिसलने का अंदेशा बना रहता है व कई फिसल भी जाते हैं। यह कौन सी सभ्यता है? क्या ये लोग पढ़े-लिखे नहीं हैं? या ये सड़क को कूड़ाघर समझते हैं? इसके अलावा और भी कोई खाद्य सामग्री का इस्तेमाल करने के बाद ये लोग पॉलिथीन सड़क के हवाले कर देते हैं। यह भी हम सबने देखा है। इससे प्लास्टिक प्रदूषण बढ़ता है। ये कारवाले हैं या बेकार।

राष्ट्रीय अभियान बनाने की जरूरत

साफ-सफाई को राष्ट्रीय अभियान बनाए जाने की आवश्यकता है। इस हेतु हमें जोरदार प्रचार-प्रसार व पैंफ्लेट वितरण का कार्य करना चाहिए तथा प्रिंट व इलेक्ट्रॉनिक मीडिया द्वारा लोगों को जागरूक बनाए जाने की आवश्यकता है। नुक्कड़ नाटकों से भी लोगों को शिक्षित किया जा सकता है। जनसंपर्क द्वारा भी सफाई अभियान की राष्ट्रीय अलख जगाए जाने की आवश्यकता है।

हम यह संकल्प लें कि हम न गंदगी फैलाएँगे व न ही फैलाने देंगे। अपने घर के अलावा हम गाँव-नगर तथा राष्ट्र-राज्य को भी साफ-सुथरा बनाए रखेंगे।

शपथ

- महात्मा गांधीजी ने जिस भारत का सपना देखा था, उसमें सिर्फ राजनीतिक आजादी ही नहीं थी, बल्कि एक स्वच्छ एवं विकसित देश की कल्पना भी थी।
- महात्मा गांधी ने गुलामी की जंजीरों को तोड़कर माँ भारती को आजाद कराया। अब हमारा कर्तव्य है कि गंदगी को दूर करके भारत माता की सेवा करें।
- मैं शपथ लेता/लेती हूँ कि मैं स्वयं स्वच्छता के प्रति सजग रहूँगा/रहूँगी और उसके लिए समय दूँगा/दूँगी।
- हर वर्ष सौ घंटे यानी हर सप्ताह 2 घंटे श्रमदान करके स्वच्छता के इस संकल्प को चरितार्थ करूँगा/करूँगी।
- मैं न गंदगी करूँगा न किसी और को करने दूँगा/दूँगी।

- सबसे पहले मैं स्वयं से, मेरे परिवार से, मेरे मोहल्ले से, मेरे गाँव से एवं मेरे कार्यस्थल से शुरुआत करूँगा/करूँगी।
- मैं यह मानता/मानती हूँ कि दुनिया के जो भी देश स्वच्छ दिखते हैं, उसका कारण वहाँ के नागरिक गंदगी नहीं करते और न ही होने देते हैं।
- इस विचार के साथ मैं गाँव हो या शहर गली-गली स्वच्छ भारत मिशन का प्रचार करूँगा/करूँगी।
- मैं आज जो शपथ ले रहा हूँ वह अन्य सौ व्यक्तियों से भी करवाऊँगा/करवाऊँगी। वे भी मेरी तरह स्वच्छता के लिए सौ घंटे दें, इसके लिए प्रयास करूँगा/करूँगी।
- मुझे मालूम है कि स्वच्छता की तरफ बढ़ाया गया मेरा एक कदम पूरे भारत देश को स्वच्छ बनाने में मदद करेगा।

स्वच्छ भारत अभियान—तथ्य और आँकड़े

परियोजना की लागत—1,96,009 करोड़ रुपए।

परियोजना शुरू होने की तारीख—2 अक्तूबर, 2014।

परियोजना खत्म होने की तारीख—2 अक्तूबर, 2019।

पाँच साल में 11.11 करोड़ शौचालयों के निर्माण में 1 लाख 34 हजार करोड़ रुपए का खर्च आएगा।

62009 करोड़ रुपए की राशि शहरी इलाकों के लिए तय की गई है। इसमें केंद्र सरकार का शेयर 14623 करोड़ होगा। भारती और टी.सी.एस. जैसी कंपनियों ने इस मिशन में आर्थिक मदद देने की घोषणा की है। विश्व बैंक भी इसमें सहयोग दे सकता है।

सन् 2015 तक 2 करोड़ शौचालय का लक्ष्य।

सन् 2019 तक 1.04 करोड़ परिवारों के लिए शौचालय का लक्ष्य।

सन् 2019 तक 4041 शहरों में ठोस कचरा प्रबंधन का इंतजाम।

मैला ढोने की समस्या से निजात पाना। गुजरात, मध्य प्रदेश, महाराष्ट्र, राजस्थान और उत्तर प्रदेश जैसे कई राज्यों में अभी भी यह प्रक्रिया जारी है।

सन् 2022 तक खुले में शौच की समस्या को खत्म करना।

परियोजना में शामिल मंत्रालय

शहरी विकास मंत्रालय, ग्रामीण विकास मंत्रालय, पेयजल और स्वच्छता मंत्रालय, राज्य सरकार, गैर-सरकारी संगठन, सार्वजनिक क्षेत्र के उपक्रम, निगम आदि।

क्यों महत्त्वपूर्ण है यह प्रोजेक्ट

67.3 प्रतिशत ग्रामीण परिवार (करीब 11.3 करोड़) शौचालय की सुविधा का फायदा नहीं उठा पाते।

10 प्रतिशत स्कूलों में लड़कियों के लिए शौचालय की सुविधा नहीं है।

सिक्किम एकमात्र ऐसा राज्य है जो खुले में शौच की समस्या से मुक्त है।

विभिन्न देशों में खुले में शौच करनेवालों की तादाद

भारत—50 प्रतिशत। नेपाल—40 प्रतिशत। पाकिस्तान—23 प्रतिशत। बँगलादेश— 3 प्रतिशत।

स्वच्छ भारत से स्वास्थ्य पर होनेवाले खर्च में कटौती करने में मदद मिलेगी। साथ ही इससे नई नौकरियाँ पैदा होंगी और पर्यटन को बढ़ावा देने के मामले में भी यह अहम भूमिका निभाएगा।

□

22

स्वच्छता का महत्त्व

"स्वच्छता स्वतंत्रता से ज्यादा महत्त्वपूर्ण है।"

गांधीजी के मतानुसार स्वच्छता के परिप्रेक्ष्य में एक तथ्य की ओर बहुत ही कम ध्यान दिया जाता है, जबकि यह बहुत ही महत्त्वपूर्ण है। किशोरावस्था में स्वच्छता एवं सफाई का व्यक्तित्व पर व्यापक असर पड़ता है। किशोरावस्था में बच्चों के व्यक्तित्व विकास एवं उनके जीवन में हो रहे बदलावों के बीच स्वस्थ जीवन के लिए स्वच्छता एवं सफाई का व्यापक महत्त्व है। यदि किसी समूह में या खासतौर से किसी कक्षा में किशोर-किशोरियों या बच्चों से इस बात की चर्चा की जाए कि किनके घरों में शौचालय है एवं किनके परिवार के लोग शौच के लिए बाहर जाते हैं तो बच्चों या किशोर-किशोरियों के व्यक्तित्व में साफ अंतर दिखाई पड़ेगा।

भारत सरकार हो या फिर राज्यों की सरकारें, पिछले कुछ सालों से सभी का जोर स्वच्छता अभियान पर है। हजारों करोड़ रुपए के बजट के साथ विभिन्न योजनाएँ चलाई जा रही हैं, लेकिन भारत में न केवल ग्रामीण बल्कि शहरी क्षेत्र में शौचालयों का अभाव है। व्यक्तिगत शौचालय की बात तो दूर है, सार्वजनिक शौचालय भी उतनी संख्या में नहीं हैं, जिससे कि लोग उसका उपयोग कर सकें। रेल की पटरियों के किनारे, सड़क के किनारे और नदी या तालाब के किनारे शौच की गंदगी ऐसी स्थिति है, जो शर्मिंदगी का कारण बना

हुआ है। निर्मल भारत से पहले संपूर्ण स्वच्छता अभियान के माध्यम से निर्मल ग्राम की परिकल्पना की गई, जिसमें गाँव में स्वच्छ पानी की उपलब्धता, कचरे का प्रबंधन एवं स्वच्छता सुविधाओं की उपलब्धता पर जोर दिया गया। सभी घरों में शौचालय बन जाने एवं अन्य व्यवस्थाएँ हो जाने पर उस पंचायत को निर्मल पंचायत घोषित किया जाने लगा। पर देखने में यह आया कि एक-दो साल बाद निर्मल ग्राम की स्थिति फिर से खराब हो जाती है एवं वहाँ खुले में शौच की प्रथा पुनः चलने लगती है।

मर्यादा अभियान

मर्यादा अभियान नाम देकर मध्य प्रदेश सरकार ने स्वच्छता अभियान को महिलाओं की इज्जत के साथ जोड़कर प्रचारित किया, जिसका असर लोगों पर पड़ा एवं लोग इस बात से सहमत दिख रहे हैं कि महिलाओं का खुले में शौच जाना उनकी मर्यादा के खिलाफ है। मर्यादा अभियान की सफलता इस बात पर निर्भर है कि गाँवों में पानी की उपलब्धता किस हद तक है।

बच्चों की दृष्टि से देखा जाए, तो खुले में शौच बीमारियों को सीधे निमंत्रण देना है। साफ पानी की अनुपलब्धता, खुले में शौच एवं सफाई के अभाव के कारण डायरिया, निमोनिया एवं अन्य जल जनित बीमारियाँ होती हैं। डायरिया से हर साल लाखों बच्चे की मौत हो जाती है, जिन्हें बचाया जा सकता है। यह स्थिति इस बात की ओर इंगित करती है कि बच्चों के जीवन के लिए स्वच्छता एवं सफाई का व्यापक महत्त्व है।

शौचालयविहीन एवं शौचालययुक्त परिवारों के बीच एक विभाजनकारी रेखा खिंच जाती है, जिसमें दोनों तरफ के बच्चे अलगाव महसूस करते हैं। इसका असर उनकी पढ़ाई पर भी पड़ता है। यदि शाला में शौचालय नहीं हों एवं मीडिल स्कूल में बालिकाओं के लिए अलग शौचालय (जिसमें सेनेटरी ब्लॉक हो तो ज्यादा बेहतर है) नहीं हों, तो वहाँ के बच्चों के शिक्षा पर असर पड़ता है एवं वे धीरे-धीरे पिछड़ने लगते हैं और सोचने लगते हैं कि उन्हें बेहतर शिक्षा एवं बेहतर वातावरण मिल ही नहीं सकता। उनके व्यक्तित्व पर इसका नकारात्मक असर पड़ता है। इसी तरह सेनेटरी ब्लॉक के अभाव में किशोरियों को माहवारी

के समय शाला से वंचित होना पड़ता है। यदि घर में शौचालय नहीं हो, तो किशोरियों को किशोरों की तुलना में अलग तरह की समस्या का सामना करना पड़ता है एवं उनका व्यक्तित्व दब जाता है, उनकी क्षमता एवं कौशल पर भी नकारात्मक असर पड़ता है।

व्यक्तित्व विकास

स्वस्थ शरीर एवं स्वस्थ मन का व्यक्तित्व विकास के साथ सीधा संबंध है। इसके लिए गाँवों में किशोर-किशोरियों को परामर्श देने एवं उन्हें स्वच्छता एवं साफ-सफाई के तरीके अपनाने के लिए प्रेरित करने की जरूरत है। व्यक्तिगत शारीरिक साफ-सफाई के जो तरीके किशोरियों द्वारा अपनाए जाते हैं, उससे जुड़े मिथकों की पहचान करवाने एवं मिथकों के कारण व्यक्तित्व विकास पर पड़नेवाले नकारात्मक प्रभावों पर चर्चा कर शारीरिक साफ-सफाई के सही तौर-तरीकों के बारे में बताने की जरूरत है। स्वच्छता के संसाधनों की कमी न रहे, इसके लिए किशोर-किशोरी परिवार एवं उचित मंच पर उसकी माँग उठा सकते हैं, जिसका प्रभाव सकारात्मक दिखाई पड़ेगा। किशोर-किशोरियों को स्थानीय एवं कम लागतवाले कौशल विकसित करने का प्रशिक्षण दिया जा सकता है। इससे उनमें आत्मनिर्भरता आएगी, जिससे उनका आत्मविश्वास बढ़ेगा। इससे होनेवाली छोटी आमदनी से वे अपनी व्यक्तिगत साफ-सफाई के लिए एवं अन्य छोटी जरूरतों के लिए राशि जुटा सकेंगी।

विश्व स्वास्थ्य संगठन की एक रिपोर्ट के अनुसार गंदगी और उससे उपजी बीमारियों के कारण एक औसत भारतीय को साल में 6500 रुपए का नुकसान उठाना पड़ता है और यह चोट सबसे ज्यादा निम्न वर्ग पर पड़ती है। इसके अलावा आर्थिक विकास और रोजगार के लिए अमेरिका या अन्य देशों में पर्यटन को बढ़ावा देने का जो अभियान भारत ने नए तरीके से छेड़ा है उसमें भी सफाई मुहिम मददगार साबित होगी। भारत की गंदगी विदेशियों के लिए विकर्षण का ही कारण बनती है। सफाई के समुचित अभाव में भारतीय अर्थ-व्यवस्था अपनी जी.डी.पी. के 6 प्रतिशत से ज्यादा की राशि से वंचित रह जाती है।

बड़ी पहल

महात्मा गांधी के बाद संभवत: पहली बार किसी बड़ी राजनीतिक शख्सियत ने हिंदुस्तानियों को स्वच्छता के लिए प्रेरित किया है। बदलाव जरूरी है, मगर सिर्फ हाईजीन के मामले में ही नहीं, सिर्फ साफ-सफाई के मामले में नहीं। लाइनों में लगना हमें पसंद नहीं, सड़क पर लेन में चलना या लाल बत्ती का खयाल रखना हमें रुचता नहीं। राह चलते भिखारियों की भीड़ हमें परेशान नहीं करती।

हमारी बहुत सी बुरी आदतें दशकों, बल्कि सदियों के व्यवहार का नतीजा हैं। ये हमारे व्यक्तित्व और व्यवहार का इतना स्वाभाविक हिस्सा बन चुकी हैं कि हमें अहसास तक नहीं होता कि बस से बाहर कूड़ा फेंकते समय, सड़क के किनारे पर हलके होते समय या फिर दीवारों पर पान की पीक थूकते समय हम कुछ गलत कर रहे हैं। श्री मोदी ने लगभग उसी अंदाज में हमें झकझोरने की कोशिश की है, जैसे कोई अध्यापक अपने छात्रों को करता है। उन्होंने हमें स्वच्छता और स्वास्थ्यप्रद परिस्थितियों (हाईजीन) के साथ-साथ उन सामाजिक दायित्वों की भी याद दिलाई है, जिनका हम अपने दैनिक जीवन में न जाने कितने बार उल्लंघन करते हैं। इन मुद्दों को हमने कभी अहमियत नहीं दी। यहाँ तक कि अस्पतालों, सड़कों के किनारों, दीवारों, पुरातात्त्विक स्थलों आदि पर स्पष्ट लगे नोटिसों के बावजूद हम वहाँ बेरोक-टोक, बेपरवाह गंदगी फैलाते रहे हैं। इस प्रवृत्ति और आदत से मुक्ति पाने के लिए आम भारतीय को प्रेरित करना आसान नहीं है। अब समय आ गया है कि इस नकारात्मक प्रवृत्ति को एक राष्ट्रीय खामी के रूप में देखा जाए और इस पर सामूहिक, राष्ट्रव्यापी प्रहार किया जाए।

स्वच्छता को गांधीजी जितना महत्त्व देते थे, शायद ही भारत जैसी परिस्थितियोंवाले किसी देश में किसी अन्य नेता ने दिया होगा। कारण? अनगिनत महामारियों के शिकार रहे इस साधनविहीन राष्ट्र को संभवत: अपने व्यवहार में सावधानी की औरों से अधिक जरूरत है।

क्या कहते हैं लोग ?

''सफाई बहुत ही मूलभूत शिष्टाचार है जिसे लोगों को जबरन नहीं सिखाया जा सकता। मानसिकता में बदलाव जरूरी है। हम अभी भी सड़कों पर मूत्र त्याग करते हैं, जो बहुत ही दुर्भाग्यपूर्ण है।''

''सफाई रखना हर नागरिक का मूल कर्तव्य है। अगर लोग अपने आस-पास के वातावरण को स्वच्छ नहीं रखना चाहते तो सरकार द्वारा शुरू किए गए अभियान से उनकी मानसिकता को कैसे बदला जा सकता है?''

''भारत में घूमते हुए मैंने देखा है कि प्रतिबंध के बावजूद लोग खुद प्लास्टिक की थैलियाँ माँगते हैं।''

''सार्वजनिक स्थलों को गंदा करने के खिलाफ एक तो लचर कानून हैं। ऊपर से उनका क्रियान्वयन माशाअल्लाह है। भ्रष्टाचार का बोलबाला यहाँ भी दिखता है। इस आरोप में शायद ही कोई पकड़ा जाता हो। अगर पकड़ा भी गया तो वहीं ले-देकर कानूनी काररवाई से बच जाता है।''

''ज्यादातर सार्वजनिक स्थल किसी कूड़ाघर सरीखे ही दिखते हैं। लिहाजा लोगों को उसे और गंदा करने में कोई शर्म या अफसोस नहीं होता है। वे सोचते हैं कि ये तो गंदा स्थान है ही। अगर सभी सार्वजनिक स्थल साफ-सुथरे हों, तो लोग एकबारगी उसे गंदा करने में संकोच करेंगे।''

''झाड़ू लेकर सफाई करने निकले बहुतेरे राजनेताओं की प्राथमिकता के दायरे में अभी तक शहरी कूड़ा-करकट ही रहा है, जबकि शहरी स्वच्छता के लिहाज से यह समस्या का सबसे नगण्य पहलू है।''

''समस्या तो तब शुरू होती है, जब कूड़े को सड़कों से बुहारकर इकट्ठा तो कर दिया जाता है, लेकिन उसके बाद उनके निष्पादन की कोई व्यवस्था नहीं रहती, क्योंकि हमारे बहुत कम शहर कूड़े को संकलित व निष्पादित करने की उपयुक्त प्रणाली विकसित कर सके हैं।''

□

23

स्वच्छ हाथ सुरक्षित जीवन

''बच्चों का प्राथमिक शिक्षण तो सफाई का है। सफाई ईश्वर का रूप और सत्कार्य है। बच्चों को इसे समझना चाहिए।''

अच्छे स्वास्थ्य के लिए पर्यावरणीय तथा वैयक्तिक स्वच्छता के साथ-साथ हाथों की अच्छी सफाई भी आवश्यक है। गांधीजी ने सदैव हाथों की सफाई पर जोर दिया।

हैजे और निमोनिया जैसी बीमारियाँ विकासशील देशों में पाँच वर्ष के कम उम्र के लगभग 40 लाख बच्चों को असमय मार देती हैं। हर साल इतने बच्चों की मौत का कारण ये दोनों बीमारियाँ हैं। 20 प्रतिशत गरीब परिवारों में मरनेवाले बच्चों की संख्या 20 प्रतिशत अमीर परिवार में मरनेवालों की संख्या का 10 गुणा है। हमारे हाथ इन बीमारियों के कीटाणुओं को फैलाने का मुख्य साधन हैं। वैज्ञानिक खोजों और अन्य तथ्यों पर आधरित रिपोर्ट घरों और स्कूलों को आधार बनाकर बनाई गई है, वह यह दिखाती है कि साबुन से हाथ धोने से 10 लाख बच्चों की मौत को टाला जा सकता है। शौच के बाद बच्चों को साफ करने के बाद और खाना खाने से पहले साबुन से हाथ धोने की आदत हैजे से होनेवाली मौतों की संख्या को आधा कम कर सकती है। इसके अलावा श्वसन तंत्र में संक्रमण की बीमारी एक चौथाई कम हो सकती है। साबुन से हाथ धोने से हम त्वचा के संक्रमण, आँखों के संक्रमण, आंतरिक कीड़ों को, सॉर्स,

स्वाइन फ्लू आदि को रोक सकते हैं। इसके अलावा एच.आई.वी. और एड्स के मरीजों के लिए भी यह इलाज उपयोगी है।

केवल पानी से हाथ धोने की आदत बहुत से लोगों में है, परंतु पानी से हाथ धोने का उतना महत्त्व नहीं है जितना साबुन से हाथ धोने का है। यह तरीका ज्यादा प्रभावशाली है। साबुन का प्रयोग करने से ग्रीस और स्थूल मिट्टी के कण टूटकर नष्ट हो जाते हैं, जो कि बीमारियों को ले जानेवाले मुख्य कारक होते हैं। इसके अलावा हाथों को रगड़ने से जो घर्षण पैदा होता है उसके कारण ये कण हट जाते हैं और साफ हाथों को पीछे छोड़ जाते हैं। साफ होने की खुशबू और एहसास हमें हाथों को प्रयोग करने के लिए प्रेरित करता है।

साबुन से हाथ हमें शौच के बाद, बच्चों के शौच को धोने के बाद और खाना खाने से पहले धोने चाहिए। उपयुक्त तरीके से हाथ धोने के लिए हमें साबुन और थोड़े से पानी की आवश्यकता होती है। नल से बहते हुए पानी की आवश्यकता नहीं होती। एक छोटा सा पानी का स्रोत, जैसे टिप्पी टैप ही पर्याप्त है। टिप्पी टैप छोटी कैन या प्लास्टिक की बोतल है जिसमें से थोड़ा-थोड़ा पानी बहता है। जो हाथ साफ करने के लिए पर्याप्त है। पानी से हाथ गीले करने के बाद साबुन लगाकर हाथों की सतह को रगड़ना चाहिए यहाँ तक कि हाथों के पीछे भी रगड़ना चाहिए। विशेषकर उँगलियों के बीच तथा नाखूनों के पास कम-से-कम 20 सेकंड तक रगड़ना चाहिए, उसके बाद बहते पानी से धो लेना चाहिए बजाय स्थिर पानी से। उसके बाद हाथों को सूखे कपड़े से पोंछ लेना चाहिए या हवा में हिलाकर सुखा लेना चाहिए। एक आसान तरीका यह है कि 20 सेकेंड तक कोई पसंदीदा गीत गुनगुनाएँ या हैप्पी बर्थ-डे के गीत को दो बार गुनगुना लें। प्रत्येक देश में इस प्रकार के गाने होते हैं जिनका प्रयोग हम साबुन से हाथ धोने के दौरान कर सकते हैं।

सभी प्रकार के साबुनों का सही उपयोग करने से सबका एक जैसा प्रभाव होता है। सभी साबुन बीमारियों के कीटाणुओं को भगाने में प्रभावी हैं। साबुन की कमी इस कार्य में कोई महत्त्वपूर्ण बाधा नहीं है, क्योंकि बड़ी मात्रा में लोगों के घर में साबुन, यहाँ तक कि गरीबों के घर में भी पाया जाता है। रिसर्च से पता चला है कि शहरी और ग्रामीण क्षेत्रों के 95 प्रतिशत घरों में

साबुन पाया जाता है।

कपड़े धोने, बरतन साफ करने और नहाने के लिए ही ज्यादातर साबुन का प्रयोग होता है। साबुन की कमी स्कूल में हाथ धोने में अवश्य दिखाई देती है। स्कूलों में, शौचालयों में और साबुन से हाथ धोने के स्थानों पर इसका प्रयोग करके बच्चों के स्वास्थ्य को सुधारा जा सकता है और उनकी अनुपस्थिति को कम किया जा सकता है।

□

24

गांधीजी की जीवन-यात्रा

''मैं सत्य का विनम्र सेवक हूँ। मैं आत्मज्ञान प्राप्त करने को अधीर हूँ। मैं इसी जीवन में मोक्ष-चाहता हूँ। मेरी राष्ट्र-सेवा मेरी आध्यात्मिक साधना है, जिसके द्वारा मैं अपनी आत्मा को शरीर के बंधन से मुक्त करना चाहता हूँ। विश्व के नश्वर राज्य की मुझे कामना नहीं है। मैं तो उस स्वर्ग राज्य के लिए साधना में लीन हूँ, जिसे मुक्ति कहते हैं। अपने ध्येय की प्राप्ति के लिए गुफासेवन की मुझे आवश्यकता नहीं दिखती। गुफा तो मेरे भीतर भी मौजूद है, यदि उसे मैं जान पाऊँ।''

2 अक्तूबर, 1869-30 जनवरी, 1948

2 अक्तूबर, 1869—भारत में काठियावाड़ के पोरबंदर नामक स्थान पर जन्म, करमचंद और पुतलीबाई के पुत्र।

1883—कस्तूरबा से विवाह।

1888—कानून की पढ़ाई के लिए मुंबई से इंग्लैंड जलयान द्वारा रवाना।

1891—बैरिस्टर बनकर भारत वापसी और मुंबई एवं राजकोट में वकालत शुरू की।

अप्रैल 1893—एक भारतीय फर्म का वकील बनने के लिए दक्षिण अफ्रीका रवाना। स्वयं को रंगभेद का शिकार पाना।

मई 1894—नाटाल भारतीय कांग्रेस का गठन।

1899—बोअर युद्ध में ब्रिटेन के लिए भारतीय एंबुलेंस कोर का गठन।

1901—परिवार के साथ भारत के लिए रवाना।

1901-02—भारत में व्यापक रूप से यात्रा। कोलकाता में हुई भारतीय राष्ट्रीय कांग्रेस की बैठक में उपस्थिति और मुंबई में 'लॉ आफिस' खोलना।

1902—भारतीय समुदाय के अनुरोध पर फिर से दक्षिण अफ्रीका प्रवास।

1904—साप्ताहिक पत्र 'इंडियन ओपिनियन' की स्थापना। डरबन के निकट 'फिनिक्स आश्रम' की शुरुआत।

सितंबर 1906—ट्रांसवाल में भारतीय प्रवासियों के विरुद्ध प्रस्तावित एशियाटिक अध्यादेश के विरुद्ध में सत्याग्रह अभियान।

जून 1907—एशियावासियों के लिए अनिवार्य पंजीकरण (दि ब्लैक एक्ट) के विरोध में सत्याग्रह।

जनवरी 1908—सत्याग्रह भड़काने के लिए मुकदमा चला और जोहांसबर्ग जेल में दो महीने की सजा दी गई। (यह उनकी प्रथम जेल यात्रा थी) प्रिटोरिया में जनरल स्मट्स ने विचार-विमर्श के लिए बुलाया। समझौता। जेल से रिहाई।

अगस्त 1908—स्मट्स ने समझौता तोड़ा। दूसरा सत्याग्रह अभियान पंजीकरण प्रमाण-पत्रों की होली जलाकर आरंभ किया।

फरवरी 1909—3 महीने की कैद।

जून 1909—भारतीयों का पक्ष प्रस्तुत करने के लिए इंग्लैंड गए।

मई 1910—जोहांसबर्ग के निकट टॉलस्टॉय फार्म की स्थापना।

अक्तूबर 1912—गोखले की दक्षिण अफ्रीका यात्रा। गांधीजी से भेंट।

सितंबर 1913—ऐसे विवाहों को निष्प्रभावी करने के विरुद्ध अभियान में सहायता, जो ईसाई अनुष्ठानों के अनुसार नहीं किए जाते। तीसरा सत्याग्रह अभियान। न्यू कैसल से चार हजार भारतीय खनिकों के दल को ट्रांसवाल सीमा के पार ले जाने में नेतृत्व।

नवंबर 1913—चार दिनों में तीसरी बार गिरफ्तारी।

दिसंबर 1913—समझौते की आशा में बिना शर्त रिहा।

जुलाई 1914—दक्षिण अफ्रीका को हमेशा के लिए छोड़कर भारत वापसी।

मई 1915—अहमदाबाद में सत्याग्रह आश्रम की स्थापना।

1917—साबरमती नदी के किनारे नए स्थान पर आश्रम ले जाना। चंपारण में नील उगानेवाले किसानों के अधिकारों के लिए सफल सत्याग्रह अभियान का नेतृत्व। अप्रैल में वह क्षेत्र छोड़ देने के आदेश का उल्लंघन, मोतीहारी में गिरफ्तारी और मुकदमा चलाया जाना, लेकिन बाद में मुकदमे को उठा लेना।

1918—फरवरी में अहमदाबाद के मिल मजदूरों की हड़ताल का नेतृत्व। उनके तीन दिन के अनशन (भारत में पहला अनशन) के बाद मिल मालिकों द्वारा मध्यस्थता स्वीकार करना।

मार्च 1918—खेड़ा के किसानों के लिए सत्याग्रह का नेतृत्व। अप्रैल में रौलट बिल के विरुद्ध राष्ट्रव्यापी हड़ताल का गठन। हिंसा के पश्चात्ताप के लिए साबरमती में तीन दिन का अनशन तथा सत्याग्रह अभियान को स्थगित करना, जिसे उन्होंने भयंकर भूल कहा, क्योंकि लोग पर्याप्त रूप से अनुशासित नहीं थे। अंग्रेजी के साप्ताहिक 'यंग इंडिया' और गुजराती 'नवजीवन' के संपादक बने।

अप्रैल 1920—अखिल भारतीय 'होमरूल' लीग के अध्यक्ष चुने गए। असहयोग के सत्याग्रह अभियान के प्रस्ताव को पास कराने में सफल।

1921—घर के कते सूत का प्रचार करने और जनता के साथ अपनी पहचान को सार्थक बनाने के लिए आजीवन केवल लँगोटी पहनने का दृढ़ निश्चय। व्यापक रूप से सविनय अवज्ञा, हजारों ने जेल यात्रा की। भारतीय कांग्रेस की ओर से गांधीजी को 'एकमात्र कार्यकारी सत्ता' सौंपा जाना।

1922—चौरी-चौरा में हिंसा के कारण असहयोग आंदोलन को स्थगित करना और प्रायश्चित्त के रूप में बारदोली में पाँच दिन का अनशन। 'यंग इंडिया' में छपे लेखों के कारण राजद्रोह के अभियोग पर साबरमती में गिरफ्तारी। अहमदाबाद में न्यायाधीश ब्रुमफील्ड के समक्ष इस मुकदमे (ग्रेट ट्रायल) में अपने विख्यात वक्तव्य में दोष स्वीकार करना। यरवदा जेल में 6 वर्ष के लिए कारावास की सजा।

1929—कोलकाता में विदेशी कपड़ों की होली जलाने के लिए गिरफ्तारी और एक रुपया जुर्माने की सजा।

दिसंबर 1929—लाहौर के कांग्रेस अधिवेशन में पूर्ण स्वाधीनता और

विधानमंडलों के बहिष्कार के प्रस्ताव पास किए गए। 26 जनवरी को राष्ट्रीय स्वाधीनता मनाने का प्रस्ताव। तीसरा अखिल भारतीय सत्याग्रह अभियान।

12 मार्च 1930—साबरमती से 79 स्वयंसेवकों के साथ ऐतिहासिक नमक अभियान हेतु 241 मील दूर समुद्र तट पर दांडी के लिए प्रस्थान।

6 अप्रैल, 1930—समुद्र तट पर एक मुट्‌ठी नमक उठाकर नमक कानून भंग किया। सशस्त्र पुलिस द्वारा कर्दी में गिरफ्तार। बिना मुकदमा चलाए यरवदा जेल में बंदी। एक लाख व्यक्ति गिरफ्तार किए गए।

जनवरी, 1931—बिना शर्त रिहा।

मार्च 1931—गांधी-इरविन (वायसराय) समझौते पर हस्ताक्षर, जिसके फलस्वरूप सविनय अवज्ञा की समाप्ति।

अगस्त 1931—लंदन में दूसरे गोलमेज सम्मेलन में भाग लेने के लिए मुंबई से प्रस्थान। दिसंबर में भारत लौटे। सत्याग्रह अभियान पुनः आरंभ करने के लिए कांग्रेस द्वारा स्वीकृति।

सन् 1932—जनवरी में सरदार पटेल के साथ मुंबई में गिरफ्तार। बिना मुकदमे यरवदा जेल में बंदी। 20 सितंबर को अछूतों को पृथक् निर्वाचक मंडल प्रदान करने के लिए ब्रिटिश निर्णय के विरुद्ध जेल में ही आमरण अनशन आरंभ। 26 सितंबर को ब्रिटिश सरकार द्वारा यरवदा समझौता स्वीकार कर लेने के बाद रवींद्रनाथ टैगोर की उपस्थिति में अनशन समाप्त।

1933—'यंग इंडिया' के स्थान पर 'हरिजन' नामक साप्ताहिक का प्रकाशन। जुलाई में साबरमती आश्रम को बंद कर देना जो छुआछूत निवारण का एक केंद्र बनाया गया। नवंबर में अस्पृश्यता को समाप्त करने में सहायता देने के लिए दस महीनों की भारत यात्रा आरंभ।

अक्तूबर 1934—अखिल भारतीय ग्रामोद्योग संघ का प्रारंभ।

1935—स्वास्थ्य में गिरावट, स्वास्थ्य-लाभ हेतु मुंबई प्रवास।

1936—वर्धा के पास से गाँव में आश्रम बनाया। बाद में यह स्थान सेवाग्राम नाम से मशहूर हुआ।

1938—खान अब्दुल गफ्फार खान के साथ उत्तर-पश्चिमी सीमांत प्रांत की यात्रा।

मार्च 1939—राजकोट में आमरण अनशन। चार दिन बाद वायसराय द्वारा मध्यस्थ की नियुक्ति के बाद अनशन समाप्त।

अक्तूबर 1940—द्वितीय विश्वयुद्ध के बारे में भारतीयों को अपनी राय देने की अनुमति से ब्रिटेन द्वारा इनकार करने के विरुद्ध सीमित व्यक्तिगत सविनय अवज्ञा अभियान आरंभ। एक वर्ष के भीतर 23,000 व्यक्तियों को जेल की सजा।

मार्च 1942—नई दिल्ली में सर स्टेफोर्ड क्रिप्स से भेंट, लेकिन उनके प्रस्तावों को 'भावी तिथि के चेक' (पोस्ट डेटेड चेक) कहना। यह प्रस्ताव अंततः कांग्रेस द्वारा अस्वीकृत।

अगस्त 1942—कांग्रेस ने भारत छोड़ो प्रस्ताव पास किया, गांधीजी के नेतृत्व में अंतिम राष्ट्रव्यापी आंदोलन का आवाहन।

9 अगस्त, 1942—कस्तूरबा तथा अन्य कांग्रेसी नेताओं के साथ गिरफ्तारी और पूना के निकट आगा खान महल में बंदी। देश के अनेक भागों में विद्रोह। वायसराय से पत्र-व्यवहार।

15 अगस्त, 1942—गांधीजी के सचिव और अंतरंग महादेव देसाई का आगा खान महल में आकस्मिक निधन।

10 फरवरी, 1943—वायसराय और भारतीय नेताओं के बीच वार्त्ता में उत्पन्न गतिरोध को समाप्त करने के लिए आगा खान महल में 21 दिन का उपवास आरंभ।

22 फरवरी, 1944—74 वर्ष की आयु में आगा खान महल में बंदी अवस्था में कस्तूरबा गांधी की मृत्यु।

6 मई, 1944—स्वास्थ्य गिर जाने के कारण बिना शर्त रिहा। (यह उनकी अंतिम जेल यात्रा थी। अपने जीवनकाल में उन्होंने 2,388 दिन जेल में बिताए)।

सितंबर 1944—हिंदू-मुसलिम एकता पर मुंबई में मुसलिम लीग के नेता जिन्ना से महत्त्वपूर्ण वार्त्ता।

नवंबर 1946—प्रांतीय सरकारों में मुसलिम प्रतिनिधित्व को लेकर हुए सांप्रदायिक दंगों को दबाने के लिए पूर्वी बंगाल के 49 गाँवों का चार महीने लंबा दौरा आरंभ।

मार्च 1947—हिंदू-मुसलिम तनाव को कम करने के लिए बिहार का दौरा। नई दिल्ली में लॉर्ड माउंटबैटन और जिन्ना के साथ सम्मेलन।

मई 1947—देश को भारत तथा पाकिस्तान में विभाजित करने के निर्णय को कांग्रेस की स्वीकृति का विरोध।

15 अगस्त, 1947—भारत के विभाजन और स्वाधीनता दिए जाने के बाद कोलकाता में हुए दंगों को रोकने के लिए अनशन और प्रार्थनाएँ।

सितंबर 1947—दिल्ली तथा आस-पास के अन्य क्षेत्रों का दंगा रोकने के लिए दौरा तथा शरणार्थी शिविरों को देखने जाना।

सन् 1946 के बाद से गांधीजी का प्रयास हिंदू-मुसलिम एकता कायम करने पर केंद्रित रहा। लीग के अध्यक्ष जिन्ना द्वारा केबिनेट मिशन योजना अस्वीकार करने और 16 अगस्त, 1946 को सीधी काररवाई दिवस (डायरेक्ट एक्शन डे) के रूप में मनाने की घोषणा के बाद से समूचे भारत में हिंदू-मुसलिम दंगे भड़कते रहे। यह कभी स्पष्ट नहीं किया गया कि 'सीधी काररवाई' का क्या अर्थ था। लेकिन मुसलमानों ने इस आह्वान का हिंसा के रूप में उत्तर दिया। 16 से 18 अगस्त तक कोलकाता में हुआ भीषण हत्याकांड सीधी काररवाई दिवस का पहला कड़वा फल था। गांधीजी ने ऐसे बहुत से क्षेत्रों—जैसे नौआखली का दौरा सांप्रदायिक सद्भाव पुनः कायम करने के लिए किया।

13 जनवरी, 1948—सांप्रदायिक एकता कायम करने के लिए 5 दिन का उपवास (यह उनके जीवन का अंतिम उपवास था)।

20 जनवरी, 1948—बिड़ला हाउस, दिल्ली में प्रार्थना के दौरान बम धमाका।

30 जनवरी, 1948—दिल्ली के बिड़ला भवन में, प्रार्थना सभा में नाथूराम विनायक गोडसे द्वारा गोली मारकर हत्या।

□

संदर्भ ग्रंथ-सूची

1. गांधीजी—जीवन और विचार, डॉ. पराग चोलकर, श्री मंगेश प्रकाशन, नागपुर।
2. अनमोल विरासत, भाग-1 व 2, सुमित्रा कुलकर्णी, प्रभात प्रकाशन, दिल्ली।
3. सत्य के प्रयोग, मोहनदास करमचंद गांधी, नवजीवन प्रकाशन मंदिर, अहमदाबाद।
4. हम सब एक पिता के बालक, गांधीजी, नवजीवन प्रकाशन मंदिर, अहमदाबाद।
5. गांधीजी के संस्मरण, शांति कुमार मोरारजी, बालगोविंद प्रकाशन, अहमदाबाद।
6. मनोरमा ईयर बुक 1992, कोट्टायम, केरल।
7. कस्तूरबा गांधी, महेश शर्मा, प्रभात प्रकाशन, दिल्ली।
8. महात्मा गांधी, महेश शर्मा, प्रभात प्रकाशन, दिल्ली।
9. अहिंसा की तलाश, विनोबा भावे, ब्रह्मविद्या मंदिर, पवनार, वर्धा।
10. मेरे सपनों का भारत, मोहनदास करमचंद गांधी, नवजीवन प्रकाशन मंदिर, अहमदाबाद।
11. दक्षिण अफ्रीका के सत्याग्रह का इतिहास, मोहनदास करमचंद गांधी, नवजीवन प्रकाशन मंदिर, अहमदाबाद।
12. नमक का प्रताप, काका कालेलकर, नवजीवन प्रकाशन मंदिर, अहमदाबाद।
13. http://hindi.indiawaterportal.org/

14. http://www.bbc.co.uk/hindi/india/2014/10/141001_modi_swachh_bharat _abhiyan_rns

15. http://naidunia.jagran.com/national-peoples-cry-after-mahatma-gandhi-had-broom-in-kanpur

16. http://pib.nic.in/newsite/hindirelease.aspx?

17. http://archive.india.gov.in/hindi/spotlightspotlight_archive.php?id=88